INTELIGENCIA ARTIFICIAL PARA PRINCIPIANTES

Guía Fácil De IA, Hacking, Ciencia De Los Datos E
Internet. ¿Cómo Usar La Máquina De Aprendizaje
De Matemáticas? Toda La IA Para La Vida Diaria

JEFF MC FROCKMAN

JEFF MC FROCKMAN

Tabla de contenido

Introducción

Felicitaciones por descargar Inteligencia *Artificial para Principiantes: Guía fácil de entender de la IA, la ciencia de los datos e Internet de las cosas. ¿Cómo usar la IA en práctica? Revelaciones de los superpoderes de la IA,* y gracias por hacerlo. Con el aumento constante de la generación de grandes datos, nos vemos obligados a buscar tecnologías que nos ayuden a tomar decisiones informadas. Todos los campos profesionales se han vuelto muy complejos debido a la creciente demanda de encontrar las formas más eficientes de extraer valor de los datos existentes. Al descargar este libro, usted ha dado el primer paso para aprender a utilizar los grandes datos y cómo la inteligencia artificial puede hacer posible la utilización productiva de los datos disponibles. La información que encontrará en los siguientes capítulos es esencial ya que le ayudará a comprender el papel de la inteligencia artificial en la sociedad y su impacto en su carrera.

Con ese fin, este libro ofrece un panorama detallado de la inteligencia artificial, destacando sus principales conceptos, su desarrollo histórico y su aplicación en diversos campos, entre ellos las finanzas, los negocios y la medicina, y los tipos de programación que son significativos para la inteligencia artificial. También cubre el uso de la robótica y su papel en el avance de la inteligencia artificial, así como la forma en que cada uno influye en el otro. También hemos abordado ampliamente el papel de la Internet de las Cosas (IO) hoy en día. La gente puede utilizar mucho de la inteligencia artificial y la IO para mejorar sus vidas y aumentar su productividad. Un concepto interesante que también hemos tratado es el de las superpotencias de la IA en todo el mundo, con especial atención a China, que es la región de más rápido crecimiento para el desarrollo de la IA.

Hay varios libros sobre Inteligencia Artificial en el mercado, ¡gracias de nuevo por elegir este! ¡Espero que disfruten de la lectura!

CAPI'TULO 1

Terminología básica de la inteligencia artificial

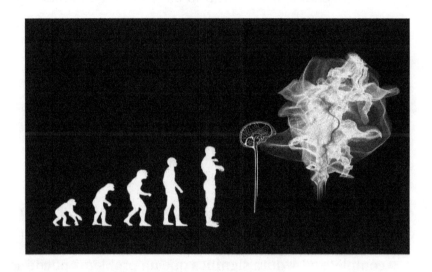

La inteligencia artificial o simplemente "IA" es un término utilizado en la informática para referirse a la inteligencia mostrada por las máquinas en comparación con la inteligencia natural que poseen los seres humanos. Las máquinas copian las funciones y capacidades de la mente humana. El campo de la IA atraviesa áreas científicas clave como la psicología humana, la informática y la ciencia cognitiva. Hay términos clave que son importantes si estás interesado en aprender la inteligencia artificial.

Entre ellos se incluyen los siguientes:

- **Programación de lógica abductiva**

  Este es uno de los términos con los que debes estar familiarizado. Se refiere al área de la Inteligencia Artificial que se ocupa de la representación de la información sobre el mundo en general de manera que un sistema informático pueda hacer uso de la búsqueda de soluciones para tareas difíciles. Los problemas se ordenan de manera ordenada para permitir que la computadora llegue a una conclusión basada en una premisa dada.

- **IA-completo**

  En la informática, los problemas pueden clasificarse como difíciles o completos de la IA. Un problema de IA-completa o IA-dura significa que un problema puede ser tan difícil como el de conseguir una solución a una inteligencia artificial clave. Esto hace que los ordenadores sean comparables a los humanos en términos de inteligencia.

- **Coincidencia aproximada de las cuerdas**

  Este es un método de localizar cuerdas que coinciden exactamente con un patrón dado. El emparejamiento aproximado consiste en hacer coincidir las cadenas dividiéndolas en dos sub problemas. Luego se localiza la sub cadena, que comparte las mismas coincidencias dentro de la cadena dada. La coincidencia de cadenas es un importante conjunto de algoritmos de cadenas que se utilizan para localizar dónde se encuentran una o más de las cadenas dentro de un texto o cadena mayor.

- **Algoritmos**

Los algoritmos se refieren básicamente al conjunto de reglas o instrucciones que se dan a una IA u otras máquinas con el fin de permitirle aprender por sí misma. Algunos de los tipos clave de algoritmos incluyen la clasificación, agrupación, recomendación y regresión.

- **La inteligencia artificial**

Esto se refiere a la capacidad de la máquina para tomar decisiones importantes, que son similares a las que toma la mente humana. Utilizan el mismo proceso que la mente humana para tomar decisiones.

- **Red neuronal artificial (RNA)**

RNA se refiere a un modelo que fue diseñado para comportarse de la misma manera que un cerebro humano. Genera soluciones a problemas que resultan difíciles de resolver para los sistemas informáticos normales.

- **Computación automática**

  Es la capacidad de un sistema de gestionar sus propios recursos para funcionar de forma óptima sin su intervención.

- **Chatbots**

  Un Chatbot es un robot de chat que está hecho para llevar a cabo conversaciones inteligentes con humanos. Estas conversaciones se llevan a cabo a través de chats de texto o comandos de voz. Utilizan una interfaz de ordenador con capacidades de IA.

- **Clasificación**

  Este tipo de algoritmo permite a las máquinas dar un tipo de datos específicos utilizando los datos de entrenamiento disponibles.

- **Análisis de conglomerados**

  Se trata del tipo de aprendizaje no supervisado que se diseña comúnmente para el análisis exploratorio de datos con el fin de localizar patrones o agrupaciones de datos que faltan. Se crean de la misma manera que las métricas de Euclides.

- **Agrupación**

  Los algoritmos de agrupación permiten a las máquinas agrupar los puntos de datos en categorías, que comparten las mismas características.

- **Computación cognitiva**

  Esto se refiere al modelo computarizado que copia la forma en que la mente humana piensa. La computación cognitiva ocurre cuando la máquina es llevada a través de un proceso de auto-aprendizaje mediante el uso de la minería de datos, el reconocimiento de patrones y NPL.

- **Red neuronal convolucional (CNN)**

  Esto se refiere al tipo de redes neuronales que localizan y describen sensiblemente las imágenes.

- **Aprendizaje profundo**

  Esto se refiere a la capacidad de una máquina de IA para imitar los patrones de pensamiento humano de forma autónoma a través de redes neuronales que están hechas de capas de datos en cascada.

- **Árbol de decisiones**

  Árbol de decisión se refiere a un modelo de decisión utilizado para analizar las decisiones y las posibles consecuencias de las mismas. El formato del árbol de decisión es similar a un diagrama de flujo.

- **Juego de la IA**

  Esto se refiere a un tipo de IA diseñado específicamente para los juegos. Utiliza un algoritmo para reemplazar la aleatoriedad. La IA de juego es un comportamiento digital aplicado en personajes no jugadores para dar una inteligencia similar a la de los humanos y a las acciones del jugador como resultado de sus reacciones.

- **Algoritmo genético**

  Esto se refiere a un algoritmo con principios similares que guían la selección natural y la genética. Se utiliza para encontrar soluciones óptimas a problemas difíciles, que podrían tardar mucho tiempo en resolverse en circunstancias normales.

- **Métodos de búsqueda heurística**

  Se refiere al soporte del sistema, que reduce la búsqueda de soluciones a un problema al deshacerse de las opciones que no son correctas.

- **Ingeniería del Conocimiento**

  Se trata de la ingeniería de software que genera sistemas basados en el conocimiento general. El sistema tiene una base general y puede tener un contenido que toque todas las áreas como los aspectos técnicos, científicos y sociales.

- **Programación lógica**

Se refiere al tipo de programación por el que se realizan cálculos extraídos de la sección de conocimiento disponible de hechos y reglas. Algunos de los ejemplos de lenguajes informáticos que utilizan la programación lógica son los lenguajes de programación LISP y Prolog, que se utilizan ampliamente en la programación de la IA.

- **La inteligencia de la máquina**

Esto se refiere al concepto general, que incluye el aprendizaje de la máquina, el aprendizaje profundo y el aprendizaje de los algoritmos generales de la IA.

- **Aprendizaje automático**

Esto se refiere al tipo de IA que se especializa en algoritmos. En el aprendizaje de las máquinas, el objetivo es diseñar máquinas que aprendan sin necesidad de programar. Las máquinas también pueden ser alteradas cuando se exponen nuevos datos.

- **Percepción de la máquina**

Se refiere a la capacidad de una máquina para que un sistema obtenga datos de fuentes externas. La máquina puede entonces analizar e interpretar los datos de la misma manera que la mente humana. Esto es posible cuando se adjuntan tanto los datos del hardware como los del software.

- **Procesamiento del Lenguaje Natural**.

  Esto se refiere al programa que está diseñado de tal manera que puede reconocer y comprender la comunicación humana.

- **Red neuronal recurrente (RNN)**

  Esto se refiere al tipo de programa diseñado que da sentido a la información secuencial. El programa entonces identifica patrones y crea resultados basados en los cálculos de los datos dados.

- **Aprendizaje supervisado**

  Se refiere al aprendizaje en el que se entrenan los conjuntos de datos de salida, para luego dar los algoritmos esperados de la misma manera en que un profesor de aula entrena a un estudiante.

- **Comportamiento del enjambre**

  Se refiere a la capacidad de una máquina de seguir las reglas sin necesidad de coordinación central.

- **Aprendizaje no supervisado**

  Esto se refiere al algoritmo de aprendizaje automático, que se utiliza para hacer inferencias a partir de conjuntos de datos sin etiquetar las respuestas de los datos de entrada.

Los conceptos básicos que hay que tener en cuenta en la inteligencia artificial

Para poder entender los conceptos más profundos que son clave en la IA, necesitas entender algunos términos básicos de la IA. Estos incluyen:

- **Aprendizaje automático**

  El aprendizaje automático es un tipo de IA que permite a las máquinas aprender tareas sin el código preexistente. Las máquinas reciben un gran número de tareas de prueba. Luego se les permite pasar por las pruebas. A las máquinas se les permite entonces aprender y adaptar sus propios métodos para lograr los objetivos dados. Por ejemplo, se le puede dar a una máquina varias imágenes para analizar y reconocer. La máquina pasará por varias permutaciones con el fin de adquirir la capacidad de identificar correctamente los patrones o formas en las caras.

- **Aprendizaje profundo**

Se trata de la generación de algoritmos de aprendizaje de propósito general que ayudan a la máquina a aprender varias tareas. Un muy buen ejemplo de aprendizaje profundo puede ser extraído del proyecto AlphaGo de Google. El AlphaGo una vez ganó un complejo juego contra un jugador profesional de Go. Antes se pensaba que era una tarea imposible debido a la complejidad del juego.

- **Redes neuronales**

El aprendizaje profundo se produce cuando las redes neuronales imitan a las neuronas o a las células cerebrales. Las redes neuronales artificiales fueron diseñadas a partir de un fondo biológico. Los modelos utilizan las reglas de la informática para imitar los procesos de la mente humana, haciendo así posible el aprendizaje general. Una red neuronal artificial intenta imitar los procesos de las células cerebrales humanas altamente interconectadas.

Las redes neuronales están compuestas por tres capas clave, que incluyen la capa de entrada, así como la capa oculta, y por último, una capa de salida. Estas capas llevan un gran número de nodos. Cuando una capa de entrada recibe información y se le da el peso requerido, los nodos interconectados multiplican entonces el peso dado de la conexión.

Una vez que la unidad de información ha alcanzado el nivel deseado, pasa a la siguiente capa. Las máquinas entonces hacen comparaciones de los resultados de las redes neuronales para aprender de las experiencias pasadas. Luego hacen cambios que afectan a las conexiones y a los pesos que surgen de sus diferencias.

Estos tres términos clave de la IA hacen posible que los robots de hardware y software adquieran un pensamiento y funciones únicas, que están fuera del conjunto de códigos. Una vez que se han entendido estos términos, se puede pasar a un campo más avanzado de la IA, que incluye la súper inteligencia artificial, la inteligencia artificial estrecha y la inteligencia artificial general.

- **Áreas de Inteligencia Artificial**

  Para que entiendas las implicaciones de la IA en tu vida y en la sociedad en general, debes distinguir los tipos generales de IA.

- **Inteligencia Artificial Estrecha (ANI)**

  También se conoce como la IA débil. Es el tipo de IA que es probable que encuentres en tu mundo hoy en día. Este tipo de IA está programado para realizar tareas individuales, por ejemplo, para comprobar las condiciones meteorológicas, o jugar un juego como el ajedrez. La Inteligencia Artificial puede realizar tareas en tiempo real una vez que obtienen información de un conjunto de datos específicos. Sin embargo, los sistemas no pueden ser sometidos a realizar más de una tarea en un momento dado.

Además, la IA estrecha no es como los seres humanos en el sentido de que carecen de emociones asociadas con los humanos. Tampoco son conscientes o sensibles. La IA estrecha sólo puede funcionar dentro de un rango preestablecido aunque te parezca más compleja que eso.

Es mucho más probable que todas las máquinas que ves hoy en día sean máquinas de IA estrechas, y un buen ejemplo es Siri, y el popular Google Assistant.

La razón por la que se le llama débil es que nunca podrá compararse con la inteligencia humana. Carecen de la inteligencia original comparable a la inteligencia humana.

Aunque se le llama inteligencia débil, esto no debería ser una razón para que lo desestime. Los sistemas de la ANI están diseñados para procesar datos y completar muy rápidamente las tareas asignadas en comparación con un ser humano normal. En este sentido, los sistemas de la ANI han sido capaces de mejorar la productividad de los seres humanos, así como la calidad de vida que disfrutan los seres humanos.

La ANI también te ha permitido deshacerte de las aburridas y monótonas tareas que no son agradables para ti. Ha hecho que vuestras vidas sean significativamente mejores. Por ejemplo, ahora podréis escapar de las frustraciones que vienen con los largos atascos de tráfico gracias a los coches que se conducen solos o a los coches automáticos. Además, a partir de los sistemas de ANI disponibles actualmente, se están desarrollando sistemas de IA más avanzados.

- **Inteligencia General Artificial**

Otro nombre para AGI es inteligencia fuerte. AGI se refiere a las máquinas que tienen la misma inteligencia que el cerebro humano. Pueden hacer cualquier función de tu cerebro. Este es el tipo de IA que se encuentra en las películas de ciencia ficción. Los sistemas operativos de las máquinas de AGI no sólo son conscientes, sino que también son sensibles. Las máquinas de AGI también poseen conciencia emocional y de sí mismas.

Pueden procesar datos más rápido que cualquier ser humano. AGI es capaz de hacer razonamientos concretos y puede resolver de forma concluyente cualquier problema. También pueden hacer juicios claros. En este sentido, la ANI se considera muy buena en la innovación, así como en la imaginación.

- **Superintendencia Artificial**

  Se espera que la súper inteligencia artificial supere todas las habilidades humanas en todas las áreas, incluyendo la resolución de problemas, la creatividad y la sabiduría. Estas máquinas poseerán una gran inteligencia nunca antes registrada en la historia de la humanidad. Es un tipo de IA que tiene a mucha gente preocupada por la posibilidad de que la raza humana se extinga.

Cómo se inició la inteligencia artificial

Los científicos han estado trabajando duro desde hace un tiempo. Se inspiraron en la idea de crear máquinas que tienen la misma inteligencia que los seres humanos.

El viaje comenzó en 1936 cuando el matemático británico puso en práctica sus teorías con el objetivo de probar que una máquina llamada máquina de Turing tenía la capacidad de realizar tareas similares a las que realiza el cerebro humano. Hizo esto posible descomponiendo los pasos y reimprimiéndolos en un algoritmo. Esta fue la base sólida para el establecimiento de la inteligencia artificial.

En 1956, un grupo de científicos se reunió para una conferencia en el Dartmouth College en New Hampshire. Compartieron un acuerdo común de que era posible aprender las funcionalidades clave de la mente humana e imitarlas en máquinas. A la máquina se le dio entonces el nombre de inteligencia artificial, por John McCarthy. También fue durante esta misma conferencia que los científicos desarrollaron el primer programa de IA conocido como Teoría Lógica. El programa es capaz de probar varios teoremas matemáticos así como datos.

En 1966, Joseph Weizenbaum ideó un programa de ordenador capaz de llevar a cabo la comunicación con los seres humanos. Lo llamó ELIZA. ELIZA hizo uso de guiones para imitar varias conversaciones con sus homólogos y los seres humanos.

En 1972, la inteligencia artificial entró en el campo de la medicina, con la MYCIN. Este era un sistema, que era útil en el diagnóstico y tratamiento de varias enfermedades. Son útiles en el diagnóstico de las enfermedades, así como en la entrega de medicamentos de tratamiento a los pacientes.

En 1986, la computadora adquirió la capacidad de hablar. Esto fue posible gracias a dos científicos, Terrence J. Sejnowski y Charles Rosenberg. Pusieron palabras de muestra y cadenas fonéticas en el programa, que luego entrenaron para identificar las palabras y pronunciarlas correctamente.

En 1997, un ordenador de ajedrez de la IA llamado Deep Blue desarrollado por la compañía IBM pudo competir y derrotar a un campeón mundial reinante. Esto fue ampliamente visto como un gran éxito en el campo de la IA.

En 2011, la inteligencia artificial hizo progresos en nuestra vida cotidiana. La gente comenzó a interactuar ampliamente con las características de la IA que se encuentran en sus dispositivos, como los teléfonos inteligentes. El mundo también fue testigo del desarrollo de potentes procesadores que se encuentran comúnmente en sus computadoras o teléfonos inteligentes.

Fue en 2011 cuando un programa de ordenador conocido como Watson compitió con los seres humanos en un concurso emitido en la televisión. El programa sorprendió a muchos cuando ganó contra competidores humanos. Esto demostró que el ordenador tiene la capacidad de reconocer idiomas e incluso responder preguntas a una velocidad récord.

Y recientemente, en 2018, el mundo fue testigo de un debate entre una IA y dos maestros debatiendo sobre el complejo tema de los viajes espaciales. También fue en el mismo año cuando una IA concertó una cita con un peluquero. Durante todo el período, la llamada duró, la peluquera del otro lado no se dio cuenta de que no estaba hablando con un humano sino con una máquina.

Ventajas y desventajas del uso de la inteligencia artificial

Las ventajas de la IA incluyen:

- La IA comete errores mínimos en comparación con los errores que los seres humanos cometen cuando se le somete a la misma tarea. Las máquinas también son capaces de llevar a cabo determinadas tareas de forma rápida y precisa.

- Otra ventaja de la IA es que realiza tareas, que están localizadas en ambientes peligrosos. Pueden realizar tareas que de otro modo se considerarían demasiado peligrosas para los humanos. Tales tareas podrían causar lesiones graves o incluso la muerte a los seres humanos.

- Predicen las funciones que desea que se lleven a cabo, por ejemplo, al escribir o buscar en su dispositivo. También pueden guiarte en la selección de varias acciones. De esta manera actúan como tu asistente.

- Puede utilizarse para detectar el fraude en los sistemas basados en tarjetas y también el posible fraude en otros sistemas.

- Las máquinas de IA pueden ser útiles para tu entretenimiento. Los robots se usan para mejorar varias actividades humanas. Algunos realizan muy bien las tareas de entretenimiento.

Las desventajas de la IA incluyen:

- Se requiere mucho capital para investigar y se llega a una nueva máquina de IA. También toma mucho tiempo desde la etapa inicial hasta el lanzamiento de una máquina de IA.

- Algunos sectores clave del mundo, como los grupos de derechos humanos, han planteado cuestiones pertinentes que afectan a la IA. Ven el avance de la IA como un intento de los humanos de crear un prójimo, lo cual es cuestionable y poco ético.

- El acceso y la recuperación de datos en la IA puede no llevar a conexiones en la memoria como la forma en que funcionan los cerebros humanos. Tampoco pueden trabajar fuera de lo que fueron programados para hacer.

- Los robots también han sido conocidos por reemplazar los trabajos hechos por los hombres. Esto llevará a una pérdida masiva de empleos y resultará en un colapso económico en todo el mundo.

CAPITULO 2

Robótica

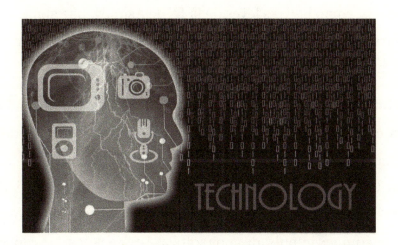

El campo de la IA se ha desarrollado dramáticamente con muchos nuevos logros tecnológicos generales. Un avance es el surgimiento de Big Data, que ofrece muchas posibilidades de construir capacidad de programación en sistemas robóticos. Otro es el uso de las últimas variedades de sensores y dispositivos conectados para vigilar aspectos ambientales como la temperatura, el movimiento, la luz, la presión atmosférica y más. Todo esto sirve a la IA y, por lo tanto, a la generación de un montón de complicados y sofisticados robots para varios usos, así como a la salud, la fabricación, la agricultura, la seguridad y la asistencia humana.

El campo de la robótica además se cruza con problemas alrededor de la IA. Dado que los robots son unidades físicamente distintas, parecen tener su propia inteligencia, aunque restringida por su programación y capacidades. Esta idea ha provocado nuevos debates sobre antiguas teorías ficticias, como las tres leyes de la IA de Asimov, que abordan la interacción de los humanos con los robots en algún futuro mecanizado.

La inteligencia artificial (IA) es posiblemente el primer campo emocionante de la robótica. Es el más controvertido. Todo el mundo está de acuerdo en que un robot funcionaría bien en una línea de montaje; sin embargo, no hay ningún acuerdo sobre si un robot será o no inteligente alguna vez. Los robots son máquinas impulsadas por software que a veces son capaces de realizar una serie de acciones de forma autónoma o semiautónoma.

Tres factores vitales representan a un robot:

1. Son programables.
2. Actúan con el mundo físico a través de actuadores y sensores.
3. A veces son autónomos o semiautónomos.

Se dice que los robots son "usualmente" autónomos, pero como resultado, algunos robots no lo son. Los tele robots, por ejemplo, están totalmente controlados por un operador humano; sin embargo, la robótica sigue clasificada como una subsección de la IA. Esta representación puede ser un caso en el que el significado de la IA no está del todo claro.

Es difícil conseguir que los especialistas se pongan de acuerdo sobre qué es exactamente un robot. Algunos individuos sostienen que una máquina programable debería ser capaz de "pensar" y tomar decisiones. Sin embargo, no hay una definición estándar de "pensamiento de robot". Requerir una herramienta para "pensar" implica que se aplica algún nivel de inteligencia artificial.

La robótica implica el diseño, la programación y la construcción de robots reales. Un componente menor de ella implica la IA. La mayoría de los programas de IA no se aplican para crear o manejar robots. Incluso una vez que la IA se emplea para manejar los robots, los algoritmos de aprendizaje de la máquina son sólo una sección del sistema robótico más extenso que incluye además la programación no relacionada con la IA, los actuadores y los sensores.

La IA implica cierto nivel de aprendizaje de la máquina, pero no siempre. Un ejemplo es cuando el diseño innovador se "entrena" para retornar a una entrada seleccionada de forma muy segura mediante el uso de entradas y salidas muy conocidas. La faceta crítica que diferencia la IA de mucha programación típica es la de la palabra "inteligencia". Los programas que no implican IA simplemente realizan una secuencia de direcciones. Los programas de IA están construidos para imitar algún grado de inteligencia humana.

Características de los robots

Los robots artificialmente inteligentes son el vínculo entre la IA y la robótica. Son máquinas que son controladas por programas de IA. Hasta hace poco, la mayoría de los robots han sido programados para realizar únicamente una serie de tareas monótonas. Como ya se ha dicho, las actividades aburridas y monótonas no necesitan de la IA.

Los robots necesitan un suministro de energía, y varios factores se mueven para decidir que el estilo de poder proporciona la mayor libertad y capacidad para un cuerpo robótico. Hay muchas formas de obtener, transmitir y almacenar energía. Los generadores, las baterías y las pilas de combustible proporcionan la energía que se mantiene regionalmente, aunque de forma más temporal, mientras que atarse a un suministro de influencia frena de forma natural la independencia y la variedad de funciones del dispositivo.

La innovación que potencia el sentido de la automatización ha fomentado nuestra capacidad de hablar con las máquinas electrónicamente durante varios años. Los mecanismos de transmisión, como los micrófonos y las cámaras, facilitan la transmisión de información sensorial a las computadoras dentro de sistemas nerviosos simulados. Un sentido es útil, si no esencial, para la interacción de los robots con los fenómenos naturales en vivo. A medida que el sistema sensorial humano se atenúa en la visión, el oído, el tacto, el olfato y el estilo - todos ya han sido o están en proceso de ser forzados a la tecnología robótica de alguna manera.

Las aplicaciones destacadas de los robots incluyen:

- **Visión por computador**

  Una aplicación obvia de la IA a la IA es la visión por ordenador. La visión computarizada permite a los robots y drones explorar el mundo físico con mucha más precisión. Esta es una tecnología de la IA que los robots usan para ver. La visión por computador juega un papel importante en los campos de la seguridad, la agricultura, la salud, la biometría y el entretenimiento.

  La visión por ordenador extrae, analiza y comprende mecánicamente datos valiosos de una imagen o de una serie de imágenes. Este método implica el desarrollo de algoritmos para lograr una comprensión visual automática.

- **Aprendizaje automático no supervisado**

  Sin embargo, los robots ya se utilizan en la fabricación, normalmente en tareas pre programadas. Los robots pueden aprender tareas con aprendizaje de máquina al ser enseñados por humanos o a través de aprendizaje de máquina sin supervisión. Si bien existe la preocupación de que los robots de este tipo puedan sustituir a los individuos en los trabajos industriales, estos robots pueden trabajar junto a los humanos como "cobots", lo que implica una mayor colaboración con los individuos en lugar de ocupar sus puestos.

Algunos nuevos robots pueden incluso aprender con una capacidad mínima. Los robots que aprenden reconocen si una acción particular (moviendo sus piernas de una manera específica, por ejemplo), logró el resultado deseado (navegar por los obstáculos). El mecanismo almacena estos datos y prueba la acción productiva la siguiente vez que se encuentra con un escenario idéntico. Algunos robots aprenderán imitando las respuestas humanas. En Japón, los ingenieros han enseñado a un robot a bailar demostrando los movimientos ellos mismos.

La inteligencia, la destreza, el sentido y el poder convergen para crear un autogobierno, que sucesivamente puede, en el papel, causar una individualización virtualmente personificada de los cuerpos mecánicos. Derivada de su origen dentro de una pieza de cuento ficticio especulativo, la palabra "robot" tiene un significado casi universal observado por medios artificiales maquinaria inteligente con un cierto grado de humanidad a su estilo y pensamiento (por más distante que sea). Por lo tanto, los robots están mecánicamente imbuidos de una forma de individualidad. Conjuntamente, plantea varias preguntas potenciales sobre si una máquina "despertará" increíblemente y tomará conciencia, y por extensión, será tratada como una persona (o sujeto personal).

- **Error humano**

Otra aplicación primaria de la IA a la robótica que ha llamado la atención en los últimos años son los coches autónomos o auto-conductores. Este tipo de uso es atractivo porque promete reducir el error del conductor humano que es la causa de la mayoría de los accidentes de tráfico. Un automóvil robótico no se cansará, no se deteriorará o no prestará atención mientras que el conductor humano sí lo hará. Aunque hay varios accidentes de alto perfil que involucran a vehículos autónomos, estos muestran una gran promesa de ser considerados más seguros que los autos manejados por humanos.

Un área significativa de análisis que involucra a los robots y a la IA es la de las tecnologías médicas. Los robots del futuro podrían realizar cirugías sin la intervención de un médico. Como los vehículos autónomos, los cirujanos robóticos podrían realizar operaciones delicadas durante períodos más largos que los médicos humanos, sin sentirse cansados ni cometer errores.

- **Destreza**

La destreza es la practicidad de los órganos, miembros y extremidades, también por la variedad general de la habilidad motora y la capacidad física de un cuerpo animado. En la robótica, la rapidez se maximiza cuando hay armonía entre la programación de alto nivel y el hardware sutil que viene con la capacidad de detección ambiental. Varias empresas alternativas están logrando importantes hitos en la rapidez de la robótica y la interactividad física. Esta aplicación de la tecnología proporciona una excelente comprensión del largo plazo de la rapidez de los robots. Sin embargo, no todos los robots imitan el tipo físico humano, (los que lo hacen suelen ser mencionados como "androides", cuyo origen en la crónica griega se interpreta esencialmente como "semejanza con el hombre").

Clasificación de los robots

La clasificación de robots más popular incluye a los robots inmóviles y móviles. Estos dos tipos tienen sistemas operativos completamente diferentes y por lo tanto tienen diferentes capacidades. La mayoría de los **robots fijos** son operadores de robots industriales que trabajan en entornos bien delimitados y adaptados a máquinas programables. Los robots industriales realizan tareas específicas y aburridas como pegar o pintar elementos en fábricas de fabricación de automóviles. Con el desarrollo de dispositivos y sensores de interacción hombre-robot, los operadores de robots se utilizan cada vez más en un entorno mínimamente controlado como la cirugía, que requiere una gran precisión.

En comparación, **los robots móviles maniobran** y llevan a cabo múltiples tareas en entornos considerablemente vastos, mal definidos e impredecibles que no parecen estar diseñados explícitamente para los robots. Estos robots tienen que modificar cosas que no parecen ser precisamente renombradas pero que cambian con el tiempo. Entornos como estos encarnan entidades impredecibles como los humanos y los animales. Algunos de los robots móviles más comunes incluyen limpiadores de canalones robóticos y vehículos automáticos de auto-conducción.

Falta una clara distinción entre las funciones que realizan los robots móviles y los robots inmóviles. Existen tres **entornos**

primarios para los que los robots móviles necesitarían principios de clase considerablemente variables como resultado de la diferencia en los medios de **movimiento**: *terrestre* (por ejemplo, automóviles), *acuático* (por ejemplo, expedición subacuática) y *aéreo* (por ejemplo, aviones no tripulados). La clasificación no es estricta; tomemos, por ejemplo, algunos robots anfibios que se mueven en el agua y en el suelo. Los robots que operan en estos tres terrenos se subdividen a su vez en pseudo grupos: los robots terrestres tienen patas o ruedas, y los aviones teledirigidos son globos ligeros o naves pesadas, que se sub agrupan sucesivamente en alas fijas y alas giratorias como en el caso de los helicópteros.

Hoy en día, los robots hacen muchas tareas en varias industrias, y por lo tanto la variedad de trabajos confiados a los robots está creciendo constantemente. Los robots también se pueden agrupar de acuerdo con la supuesta industria de **aplicación** y las funciones que realizan son las siguientes:

- Se mencionan **los robots industriales** que realizan tareas repetitivas en las tareas de fabricación. Los robots industriales son robots empleados en entornos de fabricación industrial. A veces son brazos articulados desarrollados explícitamente para aplicaciones como el ensamblaje, la manipulación de productos o la pintura. Si tendemos a decidirnos estrictamente por usos de este tipo, podríamos adicionalmente abrazar algunos vehículos de guía automática y diferentes robots. Se dice que los primeros robots fueron robots industriales como resultado de un entorno bien definido que simplificó su estilo.

- **Los robots de servicio**, alternativamente, ayudan a los humanos en sus tareas. Los robots domésticos o sociales incluyen varios dispositivos bastante diferentes como barredoras robóticas, aspiradoras, limpiadores de canalones, limpiadores de piscinas robóticos y varios robots que pueden hacer tareas completamente diferentes. Además, las aplicaciones de defensa como los aviones teledirigidos y los robots de tele presencia pueden considerarse como robots domésticos si se emplean en ese entorno. Los robots de servicio no constituyen variedades diferentes por su uso. También pueden ser robots de recolección de información completamente diferentes, robots creados para indicar tecnologías de apagado, o robots usados para análisis.

Los robots también se han utilizado cada vez más en el campo de la medicina, en cirugías, entrenamiento y rehabilitación. Estos son ejemplos de aplicaciones que requieren sensores más nítidos y una mejor interacción con el usuario.

- **Los robots médicos** se emplean en las drogas y en los establecimientos médicos. La primera aplicación médica son los robots de cirugía.

- **Los robots militares** se emplean en el ejército. Este tipo de robots incluyen robots de difusión de explosivos, robots de transporte y aviones teledirigidos de actividad de inteligencia. Por lo general, los robots creados al principio para funciones militares se emplearán en la aplicación de la ley, en los esfuerzos de búsqueda y rescate, y en diferentes campos relacionados.

- **Robots de entretenimiento utilizados** para la recreación. A menudo se trata de una clase inclusiva. Comienza con robots de juguete como el Robosapien o el reloj de pie y culmina con pesos pesados reales como los brazos articulados de los robots usados como simuladores de movimiento. Los robots aficionados también están en esta clase. Constituyen aquellos que se crean por el bien del código. Los robots rastreadores de líneas, los sumo-bots, son robots creados sólo para la diversión y la competición.

- **Los robots espaciales vendrían** con los robots usados en la Estación Espacial Internacional. Los exploradores de Marte y los diferentes robots empleados en la exploración espacial.

Las tres leyes de la robótica

En la ficción, las tres leyes de la robótica son una colección de 3 reglas escritas por Isaac Asimov, introducidas en su corta obra de ficción en 1942 las reglas son las siguientes:

1. "Un robot no puede herir a una persona o, por inacción, permitir que una persona sufra daño".

2. "Un robot debe adaptar las órdenes de las personas, excepto cuando dichas órdenes entren en conflicto con la Primera Ley".

3. "Un robot debe defender su propia existencia siempre y cuando la protección no entre en conflicto con la ley primaria o secundaria".

Las leyes de Asimov son un esfuerzo para manejar la amenaza del levantamiento de la IA. El obstáculo técnico para crear robots que las cumplan es nuestra actual limitación para hacerlos observar los mandamientos. El mayor obstáculo, uno filosófico y moral, es nuestra suposición de que dadas estas limitaciones imprecisas, los robots pueden comportarse específicamente como nos gustaría que lo hicieran, aunque no entendamos lo que tendemos a querer decir.

CAPI'TULO 3

Software y programación para hacer predicciones y decisiones inteligentes

La inteligencia artificial ha hecho progresos sustanciales en cada parte de su vida, y se proyecta que esto continúe en el futuro cercano. La IA ha hecho posible la automatización de tareas para ti como usuario, lo que te ha permitido tener una experiencia única al interactuar con tus dispositivos normales como el teléfono inteligente. La automatización de estos procesos te ahorra tiempo y energía y facilita tu trabajo, permitiéndote a ti o a tus empleados trabajar de forma más eficiente y productiva.

El software de IA proporciona a los desarrolladores herramientas para construir aplicaciones inteligentes. Las herramientas incluyen algoritmos y bibliotecas, o marcos de código, que son útiles en la creación de importantes funcionalidades para el software. El software de IA le permite ser más productivo, permitiéndole realizar tareas que de otra manera serían aburridas y monótonas usando su máquina de IA. También ayuda a las empresas a tomar decisiones clave.

El software de IA también es utilizado por los profesionales de la informática para encontrar soluciones beneficiosas para los trabajadores de todo tipo de profesiones. Las aplicaciones de software son importantes a la hora de generar nuevas aplicaciones. También pueden ayudar a mejorar cualquier aplicación de software existente. Además, también puedes utilizar el software de IA para llevar a cabo capacidades de aprendizaje general de la máquina o capacidades de aprendizaje profundo

Importancia del software de IA

Algunos de los significados del software de IA son:

- **Útil en la creación de interfaces de conversación**

  Varias empresas de software se esfuerzan por mejorar y competir con los últimos desarrollos de la IA para conseguir productos de IA competitivos como Alexa de Amazon o Google Home.

- **El software de IA ayuda en la personalización**

  Puedes crear un alto nivel de personalización usando algoritmos de aprendizaje automático. La personalización mejora los productos de software para todos los usuarios; así, les ofrece una experiencia única. Entre las empresas que han utilizado con éxito la IA en la personalización se encuentran Amazon, que utiliza el software para personalizar sus compras de consumo, y Netflix en sus capacidades de recomendación de películas.

- **El software de IA es útil para la toma de decisiones inteligentes**

  La IA ayuda a los humanos a hacer suposiciones lógicas en vez de al revés. El aprendizaje automático es importante para ti cuando tomas decisiones que afectan a tu negocio porque te proporciona evidencia y consecuencias predecibles de la decisión que estás tomando. De esta manera, puedes evitar costosos errores humanos. También puede ayudar a equipar a los usuarios con la información necesaria para defender las decisiones que toman.

- **Capacidades de predicción**

  La característica predictiva proporciona resultados que las plataformas consideran correctos. Por ejemplo, en los negocios, se puede utilizar el software para que las aplicaciones de gestión de gastos le añadan un gasto para volver a contabilizarlo por sí mismas. Puedes insertar fácilmente este tipo de aplicación con tu software de IA.

- **El software de IA es útil en la automatización de tareas monótonas**

Puedes usar el aprendizaje de la máquina para automatizar las tareas desafiantes que haces a diario en tu lugar de trabajo. Usando la IA para estas tareas, ahorras mucho tiempo, que puedes usar para realizar otras tareas más productivas. Es importante el hecho de que, contrariamente a las creencias populares, el uso de la IA no reemplaza los trabajos humanos, sino que sirve para complementarlos.

Tipos de software de inteligencia artificial

Los tipos de inteligencia artificial son bastante amplios. Hay categorías clave de la IA, como el Chatbot, las plataformas de IA, el aprendizaje profundo y el aprendizaje de máquinas, que deberías conocer.

- **Aprendizaje profundo**

El aprendizaje profundo hace predicciones y decisiones usando una red neuronal. Con las redes neuronales artificiales, las decisiones importantes se toman de la misma manera en que la mente humana normalmente toma decisiones.

- **Aprendizaje automático**

Esta categoría de algoritmo consiste en una amplia variedad de marcos que realizan diversas funciones a partir de los datos disponibles. Sin embargo, requieren algún elemento de entrenamiento personal. Se requiere suficiente entrenamiento y experiencia para incubar una aplicación inteligente usando un algoritmo de aprendizaje de máquina.

- **Chatbots**

Los Chatbots son un área avanzada del aprendizaje de la IA. Se crean para realizar una función específica, por ejemplo, para la automatización en los negocios y para ayudar a crear una experiencia única para el cliente. Las aplicaciones interactúan con los clientes usando voz o textos.

Los agentes también pueden usar los Chatbots en los centros de llamadas. También puede ser usado para llevar a cabo charlas en vivo con clientes potenciales. Las empresas también pueden determinar la necesidad de los clientes mediante el uso de los Chatbots.

Además, los robots de chat se utilizan a menudo como herramientas de apoyo al cliente o asistencia virtual. Los robots de chat pueden interactuar con los clientes durante mucho tiempo. De esta manera, mientras interactúan, también aprenden nuevo vocabulario e inteligencia.

- **Plataformas de IA**

  Las plataformas de IA te dan buenas soluciones, especialmente si estás tratando de construir tus aplicaciones usando otra plataforma. Estas herramientas te dan una opción de arrastrar y soltar para ayudarte a construir la aplicación desde cero. Las plataformas dotan a las aplicaciones de una ventaja inteligente; posiblemente hacen que la creación de aplicaciones inteligentes sea menos costosa y rápida. Sin embargo, tendrás que ser muy hábil y estar bien informado para maniobrar a través de las plataformas.

- **Programación de la IA para los principiantes**

  La inteligencia artificial se refiere a la rama de la informática que implica el desarrollo de máquinas con una inteligencia similar a la de los humanos. Los expertos en inteligencia artificial estaban interesados en crear sistemas que fueran únicos y que pudieran superar la inteligencia humana. El avance de la tecnología ha hecho posible la creación de robots autoconscientes, que se convertirán en parte de su vida en los próximos días.

Los objetivos de la IA

Algunos de los objetivos de la IA son específicos. Esto incluye el razonamiento, la planificación y la programación, el procesamiento del lenguaje natural (NPL), entre otros.

- **Conocimiento y razonamiento** - El objetivo principal de la IA es centrarse en la implementación y diseño de representaciones informáticas, con el fin de procesar la información. La IA automatiza diferentes tipos de razonamiento mediante el uso de la codificación de relaciones para que puedan ser interpretadas fácilmente por el sistema informático. La representación del conocimiento y el razonamiento se aplican normalmente en una interfaz de usuario de lenguaje natural que facilita la comunicación entre las computadoras y los seres humanos.

- **Planificación y programación automatizada** - La IA también se ocupa de la generación de secuencias de acción automatizadas, que corresponden a las mediciones de los sistemas de IA. El objetivo de la IA es mecanizar y automatizar la generación de acciones planificadas a través de la planificación y la programación. Uno de los ejemplos de planificación de la IA son los robots auto correctores que actúan como sugerencias computarizadas.

- **Procesamiento del lenguaje natural (NPL)** - Otro objetivo de la IA es procesar el lenguaje natural. El NPL implica un análisis y generación de lenguaje que puede utilizarse para la interfaz de la computadora. El proceso de NPL tiene por objeto poner en práctica sistemas informáticos específicos que pueden utilizarse para procesar grandes datos.

- **Visión por computador** - El principal objetivo del componente de la IA es evaluar la automatización e informatización de las actividades, que pueden realizarse mediante el desarrollo de sistemas para procesar e interpretar los datos visuales. La visión por computador utiliza varias aplicaciones como el reconocimiento de objetos, el seguimiento por vídeo y la manipulación automatizada de imágenes. La visión por computadora se aplica comúnmente en la manipulación automatizada de imágenes, el reconocimiento de objetos, la integración de la realidad virtual y el seguimiento por vídeo.

- **Robótica** - Otro objetivo importante de la IA es construir, diseñar y operar robots y máquinas que puedan reemplazar las tareas humanas. La robótica se refiere a la rama científica que implica la ingeniería electrónica, la informática, la ingeniería de la información y la ingeniería electrónica. La investigación en robótica se lleva a cabo actualmente para promover las aplicaciones militares, domésticas y comerciales.

A través de estos objetivos, la IA ha influido en gran medida en una amplia variedad de sectores, como la educación, el transporte, la seguridad, la infraestructura y la comunicación.

Clasificación de la IA

Hay tres categorías comunes de IA basadas en sus capacidades:

- **Débil Inteligencia artificial**

  La IA débil también se conoce como IA estrecha. Fue diseñada para llevar a cabo una sola tarea. No se puede encontrar ninguna inteligencia real en la IA débil. Tampoco puedes encontrar ninguna conciencia de ti mismo con una IA débil. Un buen ejemplo de una IA débil es la iOS Siri.

- **Fuerte IA**

  También se conoce como IA verdadera. El software funciona como el cerebro humano. Lleva a cabo tareas que un humano normal puede hacer. Un buen ejemplo de una IA fuerte es el Robot Matrix I.

- **La súper inteligencia artificial**

  Este es un intelecto que puede funcionar mejor que los mejores cerebros humanos en todas las áreas, incluyendo la creatividad científica y las habilidades sociales. Debido a los avances en la súper inteligencia artificial, muchas personas han planteado su preocupación sobre la posibilidad de que los seres humanos se extingan y sean reemplazados por robots súper inteligentes.

Cómo empezar como principiante de la IA

Como principiante en la comprensión del funcionamiento de la IA, es esencial que siga los siguientes pasos:

- **Paso 1: Aprender un lenguaje de programación**

  Aprender los lenguajes de programación es uno de los primeros pasos que hay que dar. Es aconsejable empezar con programadores como Python. El lenguaje de programación Python es importante porque es adecuado para el aprendizaje de las máquinas. Discutiremos el programa Python en detalle y los otros programas que pueden ayudarte a iniciarte en tu IA en nuestros subsiguientes subtemas.

- **Paso 2: Aprender sobre el aprendizaje de la máquina**

  También tienes que profundizar en el mundo del aprendizaje de las máquinas. Conocer de qué se trata y su importancia.

- **Paso 3: Participar en los concursos**

  Si es posible, es necesario registrarse y participar en cualquier taller o concurso de programación de IA o BOT en su vecindad. Si no puedes encontrar ninguno, considera buscar alguno en Internet.

Aprendizaje de refuerzo: Lenguajes de programación para la inteligencia artificial que debe conocer

Hay varios lenguajes de programación de la IA que son beneficiosos para ti y que necesitas conocer.

stos incluyen:

- **Lisp**

  Es una notación matemática diseñada para programas de ordenador. Se basa en el cálculo lambda. El programa se utiliza para manipular el código fuente para dar lugar a sistemas de macros que permiten crear una nueva sintaxis.

- **Smalltalk**

  La charla es útil en el aprendizaje de las máquinas y en la generación de algoritmos genéticos. También es útil en las redes neuronales y en las simulaciones.

- **Prólogo**

  El lenguaje de programación Prolog se utiliza para el razonamiento de los símbolos y la base de datos. También es una aplicación muy popular entre los expertos de la IA hoy en día.

- **Python**

  Python es uno de los lenguajes de programación más populares que los investigadores de la IA utilizan hoy en día. Python puede ser usado con paquetes para aplicaciones como Aprendizaje Automático, y Procesamiento de Lenguaje Natural. También puede ser usado con redes neuronales. Una ventaja clave del lenguaje Python es que puede ser usado con varios paradigmas de programación.,

- **C ++**

El C++ es un programa de lenguaje muy popular entre los investigadores de la IA hoy en día. El software es un lenguaje de programación de propósito general creado como una extensión del popular lenguaje de programación C o C con clases. El lenguaje de programación ha crecido con el tiempo en funcionalidad. El C++ de hoy en día es de naturaleza compleja y está equipado con características funcionales orientadas a objetos. Tiene facilidades para la manipulación de memoria de bajo nivel. Este lenguaje de programación se implementa a menudo como un lenguaje compilado. Además, los proveedores de este programa proveen compiladores de C++, como la Fundación de Software Libre e IBM.

C++ fue creado para favorecer la programación de sistemas. C++ tiene al menos una función principal. Cuando se utiliza el programa, se permite dividir el código en funciones separadas pero asegurándose de que cada función está realizando una tarea particular.

Usted como compilador debería ser capaz de conocer el nombre de las funciones, los parámetros así como el tipo de retorno. También puede obtener varias funciones incorporadas de la biblioteca de C++, que permite a su programa llamar.

- **Java**

  Java es otro lenguaje de programación de uso general muy popular entre los investigadores de hoy en día. El programa está basado en clases y orientado a objetos. El programa está diseñado específicamente para llevar a cabo algunas dependencias de implementación. Con Java, usted, como desarrollador, está habilitado para escribir una vez y ejecutar en cualquier lugar - WORA. Esto le permitirá ejecutar su aplicación Java compilada en todas las plataformas que soporten Java sin necesidad de hacer una re compilación. Algunas de las últimas versiones del programa de Java incluyen el popular Java 13, lanzado en 2019, y el Java 11, que salió al mercado en 2018.

Los programas clave que se utilizan con fines de predicción

Su carrera puede beneficiarse enormemente del análisis predictivo. Puede utilizarse para mejorar la productividad general en su lugar de trabajo. También es útil en la reducción de los riesgos empresariales, así como en la detección de posibles fraudes incluso antes de que ocurran. El análisis predictivo también se utiliza para identificar y abordar las expectativas de los clientes en los negocios. Esto le dará una clara ventaja sobre sus competidores. Esta inteligencia es de gran ayuda para su negocio, especialmente cuando se trata de generar estrategias comerciales. Por lo tanto, debe buscar las herramientas adecuadas para implementarlas en su beneficio. Aquí están algunos de los importantes programas de análisis predictivo disponibles para usted hoy en día.

- **SiSense**

    Este es un software diseñado para ser usado por compañías de varios tamaños. La ventaja de este software es que es fácil de usar. También obtiene varias características analíticas de negocios que le ayudarán a mantenerse por delante de la competencia. El software tiene la capacidad de llevar a cabo preparaciones de datos que son de naturaleza compleja. Hacen que los datos sean fáciles de entender y le permiten usarlos para tomar decisiones comerciales clave más rápidamente.

- **Microsoft R abierto**

    El programa es una plataforma de código abierto que se especializa en el análisis de estadísticas y ciencia de los datos. El software fue creado específicamente en el lenguaje estadístico R-3.5.0. La plataforma puede utilizarse con varios paquetes, aplicaciones o scripts.

Algunas de las aplicaciones populares que funcionan con esta plataforma son el sistema operativo Windows y Linux.

- **Estudio de aprendizaje de Microsoft Azure Machine**

Esta es una de las plataformas populares utilizadas para el análisis predictivo por los investigadores de la IA y otros expertos en software. La plataforma hace uso de la ciencia de los datos y también de herramientas basadas en la nube para ayudar a elaborar informes completos basados en diferentes tipos de datos disponibles. Con esta plataforma, puede crear, utilizar y compartir soluciones de análisis predictivo de forma rápida y sencilla. Este software es ideal para empresas nuevas y pequeñas.

- **Bola de cristal del Oráculo**

La plataforma hace uso de su aplicación basada en una hoja de cálculo para hacer modelos o previsiones predictivas. También se utiliza tanto en la simulación como en la optimización. La plataforma es más adecuada para los planificadores estratégicos o los analistas financieros. Esta plataforma es bastante popular entre los ingenieros de software y otros científicos.

CAPI'TULO 4

Trabajos y carreras después de la revolución de la IA

La revolución de la inteligencia artificial inclinó duramente la biosfera del trabajo en la 21ª época. Los PCs, procedimientos y software agilizan los trámites diarios, y no puedes imaginar cómo podrías lograr la mayoría de las cosas sin ellos. Sin embargo, ¿es también increíble visualizar cómo podrías agarrar la mayoría de los puestos de trabajo sin la mano de obra humanoide? Lo que ya está intacto y asegurado, es que las ampliaciones técnicas de primera mano crearán una impresión esencial en el mercado laboral internacional dentro de las sucesivas edades limitadas, no sólo en los trabajos de fabricación, sino en lo fundamental de los recados humanoides? Las siguientes son varias áreas de aplicación después de la revolución de la IA.

Filosofía

La filosofía es un campo muy importante ya que intenta responder a importantes preguntas de pensamiento crítico como ¿puede una máquina actuar de forma inteligente? ¿Puede resolver como un ser humano? ¿Es la inteligencia de un ordenador como la de un humano? Por ejemplo, el punto de vista de A, donde A es una disciplina, comprende teóricos que escudriñan las percepciones de A y ocasionalmente comentan conceptos coherentes y no coherentes. El poder cerebral artificial tiene conocimientos cercanos y precisos del modo de vida que otras disciplinas porque segmenta numerosas concepciones con el pensamiento, como la acción, la conciencia, la epistemología (lo que es útil decir de la biosfera), e incluso la voluntad abierta. El pensamiento de A abarca con mayor regularidad la orientación a los consultores de A con respecto a lo que pueden y no pueden hacer.

El punto de evaluación de la IA es que las filosofías éticas son convenientes para la IA sólo si no inhiben las organizaciones simuladas a nivel humano y si se dispone de una base para la elaboración de acuerdos con opiniones, ir perceptivo y propuesta. La investigación de la IA ha puesto de relieve principalmente la validación de las actividades accesibles en un estado de cosas, y las preocupaciones de encantar cada una de las numerosas actividades. Para ello, la IA ha prescindido principalmente de estimaciones pretenciosas de las sensaciones.

Matemáticas

Las matemáticas se usan para escribir la lógica y un algoritmo para el aprendizaje de la máquina. La filosofía piensa y define una inteligencia particular y la forma en que debe funcionar. Pero aquí viene la inteligencia de los matemáticos para salir con cálculos y algoritmos para el aprendizaje. Un buen conocimiento de las matemáticas es una habilidad imperativa necesaria para desarrollar un modelo de IA. Por ejemplo, el Presentador de Sentidos de Earl Stanhope era un mecanismo capaz de resolver silogismos, complicaciones matemáticas en una fórmula racional, y preguntas directas de probabilidad.

En 1815-1864, George Boole reunió su reconocido lenguaje para crear una insinuación razonable en el álgebra booleana. En 1848-1925, Gottlob Frege creó un sentido que es fundamentalmente el sentido de primer orden que hoy en día forma el esquema de demostración de comprensión básica más importante. Entre 1906 y 1978, Kurt Gödel demostró que hay restricciones en lo que el sentido puede hacer. Su Declaración de Incompletitud expuso que en cualquier razonamiento oficial potente para definir las posesiones de las figuras ordinarias, hay testimonios verdaderos que un procedimiento no puede establecer de quién es la verdad. Y en 1995, Roger Penrose intenta demostrar que una concentración humanoide tiene competencias no computables.

Ciencia de la computación

La informática es una disciplina académica que se ofrece en las universidades contemporáneas. Un informático escribe los códigos para crear la red neuronal de la inteligencia artificial. Luego actualiza los valores o propiedades de la red neuronal basándose en los datos proporcionados al sistema. Así se logra la Inteligencia Artificial. Históricamente, basa su tradición especulativa en los comportamientos de larga data del razonamiento representativo, el cálculo, y las ampliaciones moderadamente más actuales en el comercio eléctrico. Sin embargo, fue el trabajo especulativo del estadístico Alan Turing en los años 30 e instigando su filosofía por el estadístico John von Neumann en los primeros años 50, lo que inclinó la balanza a favor de la expansión del programa almacenado en el módem del PC.

Psicología

La Psicología Moderna es la disciplina que educa cómo las maniobras de concentración, cómo nos desempeñamos, y cómo nuestro C.I. procesa los datos. Se utiliza para estudiar el pensamiento de los humanos y los animales. Esta disciplina permite a la ciencia de los datos entender el cerebro, el comportamiento y la persona, lo cual es esencial para hacer cosas como el cerebro humano. La lingüística es una parte vital del intelecto humanoide. Gran parte del trabajo primario de ilustración de conocidos se vincula a la lingüística y está bien versado en investigaciones sobre dialectología. Es normal que usemos la indulgencia de cómo los humanoides y otros animales inclinan su coeficiente intelectual hacia la conducta intelectual en la búsqueda de construir esquemas artificiales de poder cerebral. Igualmente, se necesita inteligencia para descubrir las posesiones de los esquemas simulados para probar las sugerencias relativas a los esquemas humanos. Muchos sub campos de la IA están construyendo instantáneamente réplicas de cómo se activa el esquema humano, y esquemas sintéticos para resolver los fallos del mundo real, y están permitiendo que se entreguen pensamientos valiosos entre ellos.

Neurociencia

Decenas de miles de millones de neuronas componen el cerebro para cada una de ellas unidas a cientos o miles de neuronas más. Para cada neurona es una maniobra de manejo pretenciosa, por ejemplo, disparar o no disparar provisionalmente sobre la suma total de la acción que se nutre de ella. Sin embargo, los enlaces de neuronas de gran tamaño son maniobras computacionales autorizadas que pueden estudiar la mejor manera de funcionar. El ámbito del Conectivismo o Enlaces Neurales trata de construir esquemas sintéticos centrados en enlaces acortados de neuronas sintéticas racionalizadas. El objetivo es crear sistemas de IA dominantes y réplicas de numerosas aptitudes humanas. Los enlaces neuronales funcionan a un nivel sub-simbólico, sin embargo gran parte de la percepción humana consciente parece funcionar a un nivel figurativo. Los enlaces neuronales sintéticos ejecutan además de muchos recados modestos y ofrecen réplicas morales de las máximas aptitudes humanas. Sin embargo, hay numerosos recados en los que no son tan virtuosos, y otros métodos parecen más auspiciosos en esas zonas.

Ontología

Es el entrenamiento de este tipo de posesiones lo que está presente. En la IA, y en los planes de estudio, se estira el contrato con innumerables variedades de sustancias, y aprendemos cuáles son estas categorías y cuáles son sus pertenencias elementales. La prominencia en ontología comenzó en la década de 1990.

Heurística

Un heurístico es una forma de exasperar para determinar aproximadamente o una pista atrincherada en un paquete. Se usa la titularidad de forma variada en la IA. También puedes usar las funciones heurísticas en algunas metodologías para perseguir la cantidad de cuán lejos parece estar de un objetivo una protuberancia en un árbol de persecución. La heurística establece dos nodos en la persecución de un árbol, para ver si uno es más beneficioso que el primero, es decir, para crear un avance en la dirección del objetivo y que tal vez valga más la pena.

¿Al sustituirá IA a los trabajos?

El pánico por la IA que reemplaza toneladas de trabajos humanos es desinformante. La IA no puede reemplazar los trabajos. Bueno, no al 100%. El trabajo de las máquinas no reemplazará todas las ocupaciones específicas, pero las máquinas realizarán las actividades ocupacionales de algunos individuos. Por ejemplo, el riesgo de que un barman sea intercambiado es muy alto. Ya hoy en día, es teóricamente práctico que un mecanismo parecido a una máquina pueda mezclar bebidas, dirigir los pedidos de los clientes directamente a la cocinilla, recoger las críticas y aceptar el dinero de los clientes. La atmósfera de las posadas o los cafés ya no será similar. Debido a la falta de aprobación por parte de los probables consumidores y a los grandes costes de adquisición, está convencido de que un enorme porcentaje de todos los taberneros no abandonarán sus carreras en las próximas edades. Sin embargo, reconocen que ningún trabajo es seguro. La pregunta no debería ser si cambiará el lugar de trabajo. La verdadera pregunta debería ser cómo las empresas pueden utilizarlo con éxito de manera que ayude a que los humanos sean más rápidos, más productivos y más eficientes. Esto hará que los empleos cambien y evolucionen, no que desaparezcan. Aumentará la forma en que las personas completan su trabajo haciendo cosas como extraer y analizar datos para ayudar en la toma de decisiones en tiempo real. Un ejemplo de esto podría ser la forma en que la IA podría potenciar a un agente de servicio al cliente con información de una plataforma CRM para ayudar al agente a decidir si emitir un reembolso.

Surgirá una brecha de habilidades entre los empleados humanos. Esto traerá consigo muchas ayudas en el arreglo de una mayor eficiencia, crecimiento del PIB, mejora del concierto comercial y nueva afluencia, pero también ajustará los servicios esenciales de los empleados humanos. Con la IA automatizando las tareas repetibles y mundanas desde la contabilidad hasta la línea de montaje, el conjunto de habilidades de la fuerza de trabajo humana necesita evolucionar. El enfoque y las responsabilidades del empleado promedio se ampliarán y profundizarán. Las personas necesitarán tener una riqueza de conocimientos y más habilidades. Esencialmente, necesitarán ser grandes en hacer muchas cosas.

Necesitas pensar en educar a nuestra fuerza de trabajo actual y futura para aprender las habilidades que la IA no puede reemplazar, incluyendo:

- **Habilidades sociales**: La IA encontrará que es difícil tener sensibilidad intercultural. No pueden ser buenos líderes, no pueden participar en una lluvia de ideas o hacer interacciones interpersonales. Habilidades cognitivas: La IA es menos efectiva cuando tiene que hacer juicios basados en los datos específicos en los que la han entrenado. En el mundo real, las personas a menudo deciden sobre situaciones que no han enfrentado anteriormente. El problema radica en los sistemas que pueden hacer coincidir los datos, pero no entienden su significado. Habilidades como la resolución de problemas complejos, el razonamiento, la negociación y la toma de decisiones serán importantes para los trabajadores humanos.

- **Habilidades emocionales**: La tecnología de la IA está lejos de poder replicar la empatía, la adaptabilidad y otras habilidades emocionales. Piensa en esto en forma de atención médica. Mientras que la IA está dotando a los médicos y enfermeras de información para ayudarles a decidir y completar varias tareas, el toque humano y la conversación con un médico siempre seguirán siendo importantes. Para encontrar los principios perfectos establecidos para el Comercio que se avecina, el personal debe aprender nuevas recomendaciones significativas, pero también debe adaptar el sistema educativo a esta nueva situación de contexto. Un acuerdo en el Foro Económico Mundial establece que tanto las escuelas como las universidades no deben inculcar la biosfera como era, sino como será. Por lo tanto, necesitan nuevos enfoques de estipulación para naciones específicas. Deben inspirar la preocupación de los estudiosos en temas como el cálculo, el conocimiento de los materiales, la disciplina y la pericia cuando aún están en la escuela, y los tutores con conocimientos numéricos deben impartir a los estudiosos la manera de contemplar con criterio cuando por medio de la nueva radiodifusión y ayudarles a lograr un necesario dominio de las nuevas estrategias digitales y materiales.

Trabajos creativos

Las profesiones creativas han avanzado en las épocas actuales, y las máquinas tampoco reemplazarán a los humanos en estas profesiones en los próximos años. Ya sean celebridades con su melodía, intérpretes con sus obras o escritores y actores con sus legendarias, o trabajos fotográficos, o intelectuales de la humanidad y de la radiodifusión, el mandato de proyección acumulativo para sus ocupaciones. El conocimiento de los mecanismos, como la rama más poderosa de la inteligencia artificial, sólo puede lograr tediosos mandados imitando los hechos y las sucesivas instrucciones. No puede participar en una tormenta de ideas, pensar creativamente o abordar situaciones novedosas, por ejemplo, situaciones con las que no se ha encontrado antes.

Los humanos pueden escribir una historia emocionalmente

convincente o calmar a un cliente frustrado con una conversación personalizada. Los humanos son proactivos, y la IA es reactiva. Los humanos tienen una larga percepción racional, una aptitud apasionada y un método no lineal para trabajar y una vida insoportable para la IA. Eso es lo esencial. El hecho es una reliquia de que la IA no se puede ajustar o generar de la manera en que lo hace la gente. La IA no es hábil para identificar formas novedosas y nuevos modales o excepcionalmente los concede. En consecuencia, hay un nivel de originalidad y complejidad humanoide necesario para lograr y construir sobre todas las presentaciones de software.

En el futuro, el usuario final seguirá exigiendo selecciones ingeniosas de la industria del espectáculo y actuaciones realistas y atractivas. Así que, como no abarca nada mundano, el software de talento apenas puede realizar estas profesiones. Lo mismo ocurre con el sector expansivo sistemático o las ocupaciones con un elemento emotivo. El anuncio con otras personas vendrá continuamente directamente de los individuos. La comunicación se produce gradualmente en los vínculos comunitarios, pero hay que mantenerlos y equiparlos técnicamente. Este es el desafío central de la industria.

Carreras en Inteligencia Artificial y Ciencia de los Datos en el Futuro

Los expertos esperan que la inteligencia artificial y la ciencia de los datos sean responsables de las innovaciones más significativas y perturbadoras de los diversos sectores. Los científicos de la IA jugarán algunos papeles clave en esta área. Uno de estos papeles será que los científicos lleguen a un trabajo de alto nivel orientado a la investigación que supere las técnicas normalmente disponibles. Las empresas se esforzarán por formar parte de esta acción invirtiendo fuertemente en plataformas basadas en algoritmos que les aseguren una ventaja añadida en el mercado competitivo. Esto puede significar que las empresas aplicarán el aprendizaje de las máquinas a niveles más altos de los que vemos hoy en día.

Además, más gente tendrá doctorados y maestrías, al igual que la gran cantidad de graduados de MBA que hay hoy en día. También se espera que las empresas e industrias conservadoras automaticen algunas de sus funciones clave para crear una cultura de empresa orientada a la alta tecnología, así como en sus perfiles de contratación. Si las empresas no adoptan esta tecnología, se perderán las ventajas que vienen con el aprendizaje automático. A medida que el diseño y la mejora de las máquinas de IA avanzan cada día que pasa, los expertos ya predicen que las actividades económicas se verán interrumpidas en gran medida.

También es un hecho conocido que los sistemas de IA toman una gran cantidad de datos en comparación con los humanos. La implicación de esto es que puede que te veas obligado a cambiar de carrera en un futuro próximo. Aunque se espera que la IA mejore algunos trabajos y carreras, no se puede ignorar el hecho de que la mayoría de los trabajos serán declarados absolutos por esta tecnología. La IA vinculará al cliente con el servicio o el producto, cortando así varios trabajos que existen en medio.

¿Qué hay que estudiar? Sistema Operativo de Inteligencia Artificial

¿Qué es un sistema operativo de inteligencia artificial? Bueno, es un sistema que se utiliza para gestionar el software de la computadora, así como el hardware. También ayuda a proporcionar un servicio común necesario para que la computadora o una máquina genere fácilmente una solución para un problema complejo. Se espera que la inteligencia artificial desempeñe funciones clave en los sistemas operativos de las computadoras, dispositivos y otras máquinas. Los beneficios de los sistemas operativos basados en la IA son bastante inmensos. Se espera que campos clave como el académico, la defensa, el médico, la investigación, el científico, se beneficien de este desarrollo tecnológico.

Por lo tanto, es necesario que seas parte de la acción para beneficiarte porque se espera que el proceso de aprendizaje de la IA sea parte de nosotros en un futuro imprevisible. Una vez completado el desarrollo del sistema operativo basado en la IA, podría hacer tu vida mucho más interesante ya que te ayudará a realizar tareas expertas, y monótonas y aburridas que normalmente no te gusta hacer. Otro beneficio de la AIOS es que las caídas del ordenador que a menudo se encuentran se reducirán en gran medida. Además, el tiempo de ejecución de una operación con AIOS sería mucho más corto en comparación con el tiempo que normalmente toma en un sistema operativo normal.

Además, los salarios de la inteligencia artificial no son comparables a ninguno. Es uno de los sueldos más gordos que encontrará, en las carreras más codiciadas. Esto se debe a que las carreras en la IA son altamente competitivas y requieren de un raro talento especializado. Localizar tal talento es casi una tarea imposible, por eso poseer tal talento te convertirá en un profesional muy buscado.

Actualmente, un profesional en el campo de la IA puede llevarse a casa un salario que oscila entre un promedio de entre 100.000 y 180.000 dólares anuales. Esto, sin embargo, puede ser más alto dependiendo de la singularidad de sus calificaciones y dones.

¿Es la ciencia de los datos una buena carrera?

Sí, la ciencia de los datos es una buena carrera. La ciencia de los datos, como la ciencia de la extracción de conocimientos de los datos junto con el conocimiento del dominio, ayuda en la toma de decisiones estratégicas, lo que conduce a una mejor experiencia del cliente, reducción de costos y mayores beneficios. Con tantos datos alrededor, gobiernos, corporaciones, marcas, etc. están siendo presionados sobre cómo darle sentido y cómo utilizarlos para un funcionamiento más eficiente y para obtener mayores beneficios. La Ciencia de los Datos es la respuesta a este desafío.

Un científico de datos estructura grandes volúmenes de datos y luego los somete a análisis de datos. Esto implica investigar tanto los datos como su origen y estructura. Se hace básicamente para fortalecer el conjunto de datos, que es incompleto. También se utiliza para crear vínculos entre un conjunto de datos abstractos y el otro. El trabajo de un gran desarrollador de datos consiste principalmente en ocuparse de la puesta en marcha y el procesamiento, así como del almacenamiento de vastos volúmenes de datos no estructurados pertenecientes a grandes empresas y gobiernos. Por otro lado, los artistas de datos se encargan de la responsabilidad de la presentación gráfica y la edición de los volúmenes de datos.

Aunque la carrera de científico de datos es relativamente nueva, su importancia no se puede negar. Es una de las carreras más importantes en el campo de la comunicación y la ciencia hoy en día. Se espera que esta nueva carrera sea una de las más calientes y bien remuneradas en el futuro cercano. Si está considerando seguir una carrera en este campo, entonces es aconsejable que adquiera habilidades clave en TI que le ayuden a maniobrar a través de las complejas demandas de la carrera. Necesitas ser experto en los lenguajes de programación relevantes. También debes tener los conocimientos y habilidades necesarios para escribir códigos de programación complejos. También es útil que te familiarices con los procesos de negocios del mundo corporativo para que puedas crear vínculos razonables. Además, es necesario que adquiera conocimientos básicos en campos de negocios como la administración de empresas, la economía y el marketing. Además, ayudará a su carrera si cultiva ricas cualidades interpersonales.

Se espera que un científico de datos ofrezca servicios de calidad, que satisfagan las expectativas de sus clientes así como las del empleador. Para tener éxito en este campo, debe recibir la formación necesaria que le haga altamente competente y eficaz. Durante el curso de su trabajo como científico de datos, se espera que realice el procesamiento de datos así como la computación a gran escala. Para que seas experto en esto, considera la posibilidad de recibir formación de las instituciones pertinentes. Dicha formación implica algunos conocimientos en ingeniería, ciencias matemáticas y ciencias sociales.

Computación e Inteligencia Artificial

Los sistemas de computación hacen uso del aprendizaje de la máquina y el procesamiento del lenguaje natural. También hace uso de los métodos de minería de datos de la IA. Sin embargo, los sistemas de computación no se detienen ahí; se esfuerzan por imitar los funcionarios clave del cerebro humano en una máquina. Hace uso de los datos disponibles para tomar decisiones clave, al igual que la forma en que los seres humanos toman decisiones lógicas. Una vez que termina su análisis, los sistemas de computación, por ejemplo, IBM entonces da su mejor alternativa a un problema determinado. Puede que no sea la elección correcta; por lo tanto, le corresponde a usted decidir cuál es el curso de acción apropiado en una situación determinada.

La diferencia clave entre las plataformas de computación y los sistemas de inteligencia artificial es que la IA se crea para llevar a cabo algunas tareas en su nombre mientras que el sistema de computación sirve para darle el asesoramiento que necesita o la orientación que necesita antes de tomar decisiones clave.

Las empresas pueden utilizar la plataforma para presentar los factores de riesgo necesarios antes de tomar una decisión. La plataforma ofrece a las empresas una recomendación sobre inversiones, así como otras decisiones comerciales clave. Las oportunidades que ofrece esta tecnología son enormes y están en gran medida desaprovechadas.

CAPI'TULO 5

Algoritmos de Inteligencia Artificial

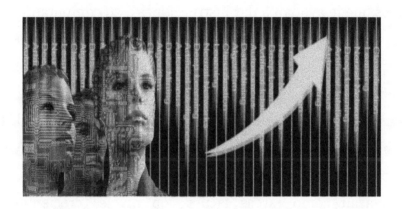

E n los últimos años, se creía que los algoritmos eran una asignatura para matemáticos e informáticos. Sin embargo, con los recientes avances tecnológicos y la rápida evolución de la inteligencia artificial, se ha hecho necesario que todo el mundo tenga una idea de lo que implican los algoritmos. La IA ha sido adoptada, en la actualidad, en casi todas las áreas de operaciones, incluidos hoteles y hospitales, donde se utiliza para facilitar las actividades humanas mediante el uso de máquinas para manejar tareas complejas.

¿Qué significa entonces el término algoritmo en la IA? Un algoritmo es un conjunto básico de reglas que siguen principalmente las computadoras para realizar cálculos o manejar otras operaciones de resolución de problemas. El objetivo de un algoritmo es básicamente resolver un problema de la forma más sencilla posible y en un plazo breve de tiempo siguiendo un procedimiento o conjunto de pasos predeterminados. También puede ver los algoritmos como atajos que le ayudan a dar instrucciones a su computadora. Al adoptar el uso de estos algoritmos, usted se comunica con una computadora diciéndole qué acción debe tomar a continuación utilizando declaraciones que se denotan con "y", "no" y "o". Estas declaraciones guían a la computadora en el manejo de los problemas, como lo habría hecho un ser humano. La mayoría de los algoritmos se asemejan a problemas matemáticos, que comienzan como tareas fáciles con niveles crecientes de complejidad a medida que se exponen. Los sencillos pasos que se siguen en casa al hornear su pastel favorito representan una forma simple de un algoritmo.

Con el crecimiento del sector de la IA al tratar de salvar la brecha que existe entre las capacidades humanas y las de las máquinas, es esencial comprender los diversos algoritmos utilizados en la IA. Sin embargo, es necesario señalar que no todos los algoritmos se aplican en la inteligencia artificial. Los algoritmos comúnmente utilizados aquí son:

- Redes neuronales convolucionales (CNN)

- Redes Neurales Recurrentes (RNNs)

- Aprendizaje de refuerzo (RL)

Tal vez se pregunte qué significa el término redes neuronales en los algoritmos. Esto no debería enviarte escalofríos porque este capítulo contiene un resumen detallado de todo lo que quieras saber sobre los algoritmos y sus aplicaciones en la IA. Las redes neuronales son un conjunto único de algoritmos bien definidos que están hechos a medida para parecerse a un cerebro humano con la capacidad de reconocer patrones de manera eficiente. Los diseños que reconocen suelen ser en forma numérica y están contenidos en vectores en los que todos los datos como el sonido, la imagen y el texto deben ser traducidos. Estas redes neuronales interpretan los datos sensoriales a través de la percepción, el etiquetado, así como la agrupación de la entrada en bruto. Los diferentes tipos de redes neuronales tienen diversas funciones, como la agrupación y la clasificación de los datos en función de las similitudes representadas. Antes de entrar en los diferentes tipos de algoritmos, hay que entender primero las capas esenciales que se encuentran en una red neural simple.

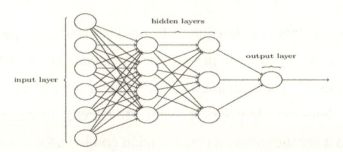

Figura 1: La arquitectura de una red neural simple

Capa de entrada - aquí, se introducen los datos para su modelo. La cantidad de neuronas introducidas aquí es similar al número de características presentes en los datos de la capa de salida. Por ejemplo, la suma de píxeles en caso de que estés usando una imagen. Capa oculta - es una capa que viene directamente después de la capa de entrada. Según el modelo del algoritmo, así como el tamaño de los datos, el número de capas ocultas puede ser más de una, y cada una de ellas contiene una cantidad diferente de neuronas que son más que la suma de las características de la capa de salida.

Capa de salida - contiene la salida generada de todas las capas ocultas. La información de salida se manipula utilizando la logística sigmoidea así como funciones softmax que convierten cada clase de salida en una puntuación de probabilidad de tipo representativo.

Redes neuronales de convolución (CNN o ConvNet)

CNN es un algoritmo que puede tomar la entrada, por ejemplo, de una imagen, asignar pesos a sus diversas características y aún así estar en condiciones de diferenciar los aspectos entre sí. Los elementos de pre procesamiento necesarios en las CNN tienden a ser menores en comparación con los necesarios para otras formas de algoritmos. Además, con suficiente capacitación, las CNN pueden aprender los diversos tipos de filtros en lugar de tener que diseñarlos a mano como ocurre con otros tipos de algoritmos. El diseño de CNN está hecho para parecerse a la conectividad de las neuronas del cerebro en un ser humano. Este diseño arquitectónico se basa en la organización de la corteza visual humana. Dentro de su corteza visual, diferentes neuronas reaccionan en respuesta a los diferentes estímulos dentro de una sección restringida de su campo visual, llamado campo receptivo.

Capas encontradas en ConvNets

Las ConvNets están formadas por capas secuenciales, en las que cada capa transforma los datos de entrada de un volumen a otro mediante el uso de funciones diferenciables. El papel principal que desempeñan las ConvNets es minimizar el tamaño de una imagen en una forma más pequeña que sea fácil de procesar, manteniendo al mismo tiempo sus características críticas. A continuación se presentan las capas comunes que se encuentran en las CNN.

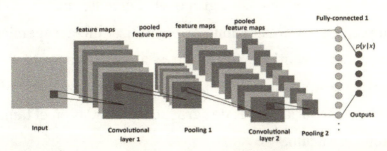

Figura 2: Una muestra de la arquitectura de la CNN establecida

Capa de entrada - contiene la entrada de datos en bruto, que en la mayoría de los casos, suele ser una imagen. Asumamos que su entrada es una imagen de volumen 32*32*3.

Capa de convolución - esto forma el bloque de construcción del núcleo de una CNN donde se hacen todos los cálculos complejos. Aquí, el volumen de salida se calcula entre los filtros y los parches de imagen. La cantidad de filtros utilizados determina la profundidad del volumen de salida resultante. Supongamos que utilizas un total de 12 filtros, entonces el tamaño de tu salida será de 32*32*12.

Capa de la piscina - Esta capa se añade en el modelo con el único propósito de reducir el volumen total de los datos bajo cálculo. Existen básicamente dos tipos de agrupación: la agrupación máxima y la agrupación media, y la agrupación máxima se utiliza comúnmente en las CNN. La agrupación máxima sugiere que se agrupe el elemento máximo. Por ejemplo, en su ilustración, si se utiliza un agrupamiento máximo que contiene filtros de 2*2 y una zancada de 2, entonces el volumen de salida resultante cambiará a 16*16*12. Puede haber varias capas de agrupación basadas en el tamaño de todo el cálculo.

Capa totalmente conectada - contiene la entrada generada por todos los demás segmentos, y calcula los volúmenes de salida de las puntuaciones de las clases en tamaños que son iguales a la respectiva suma de las clases.

Los CNN se aplican en varias áreas de la IA, incluyendo el procesamiento de imágenes y otras como:

- **Reconocimiento de texto** - La CNN ha sido adoptada en la decodificación de imágenes visuales en textos a través de una función conocida como reconocimiento óptico de caracteres (OCR).

- **Reconocimiento facial** - aparte del reconocimiento y procesamiento de imágenes, la CNN también se ha utilizado en el campo del reconocimiento facial. Recientemente, se ha visto que maneja la tarea de reconocer caras desde diferentes ángulos, incluso cuando la visibilidad es limitada.

Redes Neurales Recurrentes (RNNs)

Cada vez que estás pensando. No empiezas el proceso desde cero. Lo que sea que pienses, proviene de alguna información que ya existe en tu mente. Del mismo modo, a medida que continúes leyendo este capítulo, entenderás algunas palabras, basadas en tu encuentro previo con ellas. Esto simplemente significa que no descartas toda la información que tienes en mente una vez que terminas de usarla, sino que la guardas para usarla en el futuro. Esto significa simplemente que la salida de un proceso puede ser utilizada como entrada para otro proceso. Este es el concepto detrás del cual operan los RNNs.

RNNs es un algoritmo de inteligencia artificial que utiliza la información de salida de una capa anterior como entrada en la capa actual. Aquí, tanto la entrada como los vectores de salida de los diferentes pasos son dependientes. Tal y como sugiere el nombre recurrente, la entrada y la salida dependientes siguen siendo utilizadas una y otra vez. Es decir, se repiten. Este tipo de algoritmo se utiliza principalmente en el procesamiento del lenguaje y el reconocimiento del habla, donde reconoce las características secuenciales de los datos y utiliza patrones específicos para predeterminar la siguiente acción probable. Las formas tradicionales de algoritmo consideraban que las entradas y las salidas eran variables independientes. Sin embargo, esto planteaba un problema, especialmente cuando se requería una predicción de la siguiente acción o paso. Los RNN se desarrollaron para salvar esta brecha a través de su característica única, que es la capa oculta, que actúa como memoria para recordar ciertos bits de información relativos a una secuencia. Los RNNs pueden acomodar más de un vector de entrada y trabajar en ellos para producir una o más salidas basadas en los pesos así como en los sesgos aplicados.

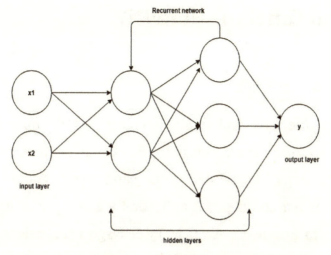

Figura 3: Una arquitectura típica de los RNNs

La capa oculta recuerda toda la información manejada anteriormente. RNNs adopta el uso de un parámetro similar para cada entrada mientras que sigue realizando una tarea similar para el resto de las secuencias de entrada para sacar la salida o salidas. La naturaleza similar a una cadena de los RNNs muestra que existe una relación entre las secuencias y las listas de las diversas entradas. Los RNNs presentan una característica que los hace más preferibles para su uso que los CNNs, es decir, permiten operar sobre una serie de vectores en la capa de entrada o de salida o, en casos generales, en ambas capas, a diferencia de los CNNs, donde sólo aceptan un tamaño fijo de entrada de vectores y producen un volumen fijo de salida de vectores.

¿Cómo funciona el RNN?

Para ayudarte a entender cómo funcionan las RNNs, aquí tienes una ilustración.

Suponga que está trabajando en una red de entrada que consiste en una capa de entrada, dos capas ocultas, así como una sola capa de salida. Cada capa oculta tiene sesgos específicos así como pesos aplicados a ellas, por ejemplo, la capa oculta 1 tiene el peso 1 (w1) y el sesgo 1 (b1) mientras que la capa oculta 2 tiene (w2 y b2). Esto muestra que las dos capas ocultas operan bajo diferentes pesos así como sesgos y por lo tanto son independientes una de la otra. Este carácter independiente significa que la segunda capa oculta no depende de la salida de la primera capa oculta. Tal escenario, por lo tanto, no califica bajo el RNN.

Cuando se introduce el modelo RNN, sucede lo siguiente:

Las activaciones independientes se convertirán en activaciones dependientes añadiendo pesos similares así como sesgos en las capas ocultas. Esto significa que la salida de la primera capa se utilizará como entrada en la siguiente capa oculta. Al convertir las activaciones independientes en dependientes, las dos capas ocultas pueden entonces unirse fácilmente por la similitud del sesgo y los pesos en ellas para formar una sola capa recurrente. La red recurrente ayuda a memorizar la salida de los pasos anteriores. Debe recordarse siempre que la red recurrente es la única característica que distingue a los RNN de otras formas de algoritmos.

Los RNN en la IA han sido adoptados para su uso en una variedad de campos como:

- **Traducciones automáticas** - RNN se aplica aquí para ayudar a traducir textos o declaraciones de un idioma a otro sin alterar el significado original.

- **Reconocimiento del habla** - a través de la entrada de ondas sonoras específicas, el RNN se utiliza para predecir los segmentos fonéticos que ayudan a generar palabras.

- **Generación de textos y modelado del lenguaje** - esto sigue una secuencia de textos introducidos en la capa de entrada para predecir la siguiente palabra probable.

- **Descripciones de imágenes** - RNN funciona bien aquí cuando se combina con CNN. La CNN hace la segmentación de la imagen, que se introduce en el modelo en la capa de entrada, mientras que la RNN utiliza los datos tan segmentados para recrear las descripciones de la imagen.

Basándose en el esquema relativo a los RNN, sin duda puede estar de acuerdo en que está diseñado para funcionar y operar de manera similar al cerebro humano. Esta característica hace que sea fácil de aplicar en la IA con fines de procesamiento de datos e imágenes.

Aprendizaje de refuerzo (RL)

La idea principal del algoritmo de aprendizaje de refuerzo es aprender de las interacciones con el entorno. Por ejemplo, supongamos que durante el invierno, el clima exterior es frío, y tu cuerpo está congelado, tienes que buscar algo de calor. Entonces decides encender fuego en el centro de tu casa para mantenerte caliente. Tu hermanito se une a ti para conseguir algo de calor también. Se acerca a la chimenea y se siente caliente. Esto le hace entender que el fuego es algo positivo. El calor de la chimenea lo acerca a ella, y eventualmente decide tocarla pero termina quemándose. ¡Ay! Él entiende que el fuego no es tan amigable como él pensaba. Llega a comprender que el fuego es útil cuando estás a una distancia segura de él porque te da calor, pero acercarse demasiado a él puede hacer que te quemes. El mismo concepto de aprendizaje se aplica a RL.

En la IA, RL es un tipo de programación utilizada en los algoritmos de entrenamiento basados en un sistema de recompensa y castigo. El agente de software aquí aprende a través de tener interacciones con el entorno general en el que recibe premios tomando acciones correctivas y recibe castigos por respuestas incorrectas. En nuestra ilustración, la recompensa es calor o calidez obtenida al mantener una distancia segura de la chimenea mientras que el castigo es quemarse al acercarse demasiado al fuego.

Básicamente, en un simple montaje de RL, el agente observa su entorno, y luego decide el mejor curso de acción a utilizar en la interacción con el entorno existente. El resultado de las acciones tomadas puede dar al agente de software una recompensa o un castigo. Por lo tanto, en cada acción tomada por el agente, él apunta a maximizar su recompensa.

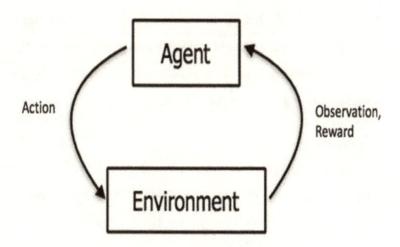

Figura 4: Una simple configuración de RL

La característica única de RL que la hace sobresalir entre los otros tipos de algoritmos es el entrenamiento de los agentes. En este caso, en lugar de utilizar los datos de programación proporcionados, se exige al agente que interactúe con el entorno general por su cuenta en un intento de ayudarle a aprender maneras de maximizar las recompensas y minimizar los castigos.

RL ha ganado popularidad en el mundo de la IA hoy en día después de sus aplicaciones en varios campos como:

- **Medicina** - RL se ha aplicado en el campo de la medicina para realizar ensayos clínicos así como terapias de drogas.

- **Juegos** - tras la victoria de Alpha Go, un algoritmo de aprendizaje de máquinas sobre un jugador humano en un juego, mucha gente ha adoptado el uso de RL en juegos de todo tipo. RL es el algoritmo que más se utiliza en los juegos de computadora.

- **Robótica** - debido al hecho de que RL puede tener lugar sin ninguna supervisión, se convierte en la mejor opción para su uso en la robótica. Su aplicación en la industria de la robótica ha traído consigo un crecimiento exponencial de la misma.

- **Vehículos autónomos** - RL ha sido adoptado para su uso en aviones no tripulados autónomos, vehículos, naves y camiones. El uso del aprendizaje de refuerzo ha dado lugar a un crecimiento considerable en la industria de los vehículos autónomos.

A medida que la posición de RL en la industria de la IA siga creciendo, las empresas tendrán que invertir más en datos y recursos para ayudarles a comprender las diversas formas en que pueden aplicar este avance tecnológico en sus productos y servicios, así como en las operaciones industriales.

Inteligencia Artificial y Procesamiento de Imágenes

Tal vez se pregunte qué implica el procesamiento de imágenes. El procesamiento de imágenes se refiere a la manipulación de una imagen para extraer alguna información de ella o para mejorarla. La mayoría de las imágenes que se toman con cámaras normales pueden estar mal enfocadas o incluso contener mucho ruido, y esto requiere procesamiento. El procesamiento de la imagen puede venir en forma de detección de bordes o filtrado. A partir de la explicación detallada de los algoritmos de la IA, es evidente que existe un fuerte vínculo entre la IA y el procesamiento de imágenes. La mayoría de los algoritmos de IA, como los CNN, RNN y RL, se adoptan comúnmente en el procesamiento de imágenes.

CAPI'TULO 6

Todo en la vida real

C on la llegada de la Inteligencia Artificial, muchas industrias pueden mejorar la CX estudiando más sobre los clientes y previendo sus necesidades. Muchas marcas enfocadas en CX están desplegando tecnologías de Inteligencia Artificial tácticamente en los principales puntos de contacto con los consumidores. Hay ejemplos de CX alimentados por IA de varias compañías que mostrarán cómo la experiencia del cliente puede ser un algoritmo para las industrias de pensamiento acelerado.

- **Cuando se trata de la venta al por menor, la personalización de la IA abre el acceso al 1% de los clientes**

  La información indica que el 1% de los principales compradores de los minoristas están valorados 18 veces más que el comprador medio. El mejor método que puedes aplicar para esos compradores exigentes y de alto valor es la personalización. La personalización habitual, como el esquema de página específico del usuario, es un elemento de la mesa para una experiencia de compra memorable, y se requiere una personalización emocionante. Aquí es donde necesitará una máquina avanzada. La personalización emocionante va más allá de un boletín personalizado único para un comprador con promociones personalizadas que se distribuyen en el momento correcto, al dispositivo adecuado y con un mensaje impecable. Puedes verlo como un paso de los segmentos de compradores a la audiencia de uno.

- **La construcción de la confianza y la lealtad en un banco global**

El Royal Bank of Scotland está manejando 17 millones de clientes transversalmente con siete marcas y ocho, a diferencia de los canales. Cuando se mira su historia, su estrategia se concentró en objetivos de venta agresivos con la intención de aumentar las ventas a los compradores con las tarjetas de crédito actuales. Desde el punto de vista del comprador, esto ha provocado un montón de spam digital y en papel. El Royal Bank of Scotland ha decidido renovar su asociación con el comprador recurriendo a la IA para mejorar la experiencia del cliente. El enfoque fue tomado para aprovechar la sabiduría de los datos en niveles completamente nuevos de contacto con el comprador.

Cuando un cliente tiene un descubierto grave en una cuenta, la IA señala al personal del banco correspondiente para contactar con el cliente con orientación financiera.

- **La aerolínea específica, la nueva inteligencia de datos está impulsando la innovación CX**

Air Canadá atiende a 45 millones de clientes al año, y muchas personas reservan en línea o utilizan una aplicación móvil. Están tratando de mejorar la comprensión de sus clientes y también de mejorar la experiencia de la aplicación móvil. Han puesto en marcha un sistema de análisis de información para el estudio de la IA y de la máquina que permite conocer las características de sus clientes a través de frecuencias digitales y fuera de línea. Los jefes de la compañía aprovecharon la visión de la analítica de la información para introducir mejoras en la promulgación de la cara del cliente y la familiarización del sitio web.

- **IA lucha contra los bots de boletos en el sector del entretenimiento**

La Internet ha cambiado la dinámica de los eventos en vivo al crear mercados secundarios de entradas fácilmente accesibles como Craigslist y StubHub. Recientemente los bots automáticos compran varios boletos, agotando la oferta, y ofrecen instantáneamente los boletos a la venta en los principales mercados. Ticketmaster ha cambiado la IA para reescribir las reglas mediante el uso de un sistema de aprendizaje automático conocido como Verified Fan. Este sistema anima a los que compran las entradas primero a registrar sus intereses antes de que las entradas salgan a la venta. Los sistemas de la IA analizan a cada registrante para identificar a los bots revendedores detrás de la escena. Esto ha dado como resultado que el 5% de las entradas vendidas con Verified Fan lleguen a los mercados secundarios. La mayoría de la gente, más aún los artistas y los fans están muy contentos con la forma de adquirir las entradas.

- **Una marca de hotel, una nueva visión requiere una nueva IA**

Para entender bien a los clientes, la industria de la hospitalidad ha mejorado técnicas como los compradores misteriosos y las evaluaciones de los clientes. Aprovechar el contenido de muchos sitios de evaluación en línea se ha considerado difícil o caro. Esto estaba ahí hasta que la marca de hoteles Dorchester

Collection creó un sistema analítico de IA personalizado que es un grupo de enfoque gigante esencial que opera sin cesar en tiempo real. El sistema ha sido capaz de traer 75000 evaluaciones de huéspedes de 28 hoteles transversalmente con 10 marcas y envía sus resultados con una película de 30 minutos.

Los cambios de la IA en el mercado

- **Comprar y vender más rápido respecto a la IA**

  Existe la creencia de que la IA puede cambiar la forma en que los humanos compran y están llenos de alegría por las potenciales oportunidades y el valor que aporta a los que compran y venden. La IA está mejorando el mercado, haciéndolo más eficiente para los compradores y dando una interacción más natural entre vendedores y compradores. La IA ha mejorado automáticamente la calidad de las imágenes y los listados traducidos y las interacciones con los mensajeros. Hay una introducción de nuevas características que utilizan la IA para sugerencias de rangos de precios y categorización automática. Esto significa que cuando quieres vender un bien, un mercado puede usar la IA para ayudarte a venderlo rápidamente, dando opciones sobre tu precio basadas en cantidades comparables del bien. También clasificará el apropiado basado en la imagen y cómo se describe, haciéndolo más fácil para ti. Hay una prueba continua de las características de la cámara que puede utilizar la IA para sugerir los bienes que te pueden interesar, es decir, cuando te gustan los zapatos de tu amigo, puedes tener una foto, y el técnico de la IA del mercado puede recomendar el mismo producto en venta a tu alrededor.

- **Muchas opciones de compra dentro de ti**

  Además de las nuevas características de la IA, se ha añadido una variedad de contenidos de los comercios de inclusión de vehículos, alquiler de casas, operaciones de hogar, y compras de los comerciantes de comercio electrónico. Hoy en día, los coches son la categoría más vital para el mercado mundial, junto con los muebles y la electrónica. Después de que hace un año se incluyeran los vehículos en la lista de comerciantes locales, el mercado se ha considerado uno de los principales destinos para que la gente adquiera y venda coches ya usados.

- **Construir una comunidad segura y confiable**

Las compras en línea necesitan mucha confianza en las personas y oficios a los que les compras o con los que trabajas. Es por eso que deberías mejorar las características que promulgan una comunidad segura y de confianza, incluyendo:

o Detecte y elimine el contenido censurable: gracias a la tecnología de la IA, puede detectar y eliminar los elementos que violan sus políticas analizando las imágenes, el contenido y el contexto.

o Calificación de compradores y vendedores: los compradores y vendedores pueden calificarse mutuamente para saber si tienen una buena o mala experiencia y dejar un comentario sobre lo que se puede mejorar y su fiabilidad. También ayuda a las personas a estar informadas sobre a quién contactar, calificaciones de la comunidad que ayudan a la creación de grandes experiencias mediante la promulgación de un buen carácter.

o Muchas herramientas de información robustas: la comunidad ha ayudado a hacer que la compra y la venta sea mejor para cualquier persona al dar un contenido que no va con el mercado. Puedes informar de la lista de artículos que están violando las políticas de comercio. También puedes informar de compradores y vendedores que están haciendo actividades ilegales.

Recién comenzando

Cuando mires hacia atrás los últimos dos años, te inspirarás en la gente de todo el mundo que usa el mercado para hacer grandes actividades. Hay historias como la de Rodolfo y su familia que se unieron a su familia y comunidad después de la pérdida de su esposa por cáncer vendiendo casas para pájaros por una causa. Han continuado trabajando en la entrega de nuevas características útiles en las que usted tiene interés.

Cambios de la IA en la gestión del tiempo

La mayoría de nosotros no somos capaces de trabajar en todo lo que planeamos ejecutar por la mañana. En raras ocasiones alguien puede realizar todos los planes de la lista. Esto acumulará las tareas diarias y semanales. Este es un punto en el que la gestión del tiempo se cambiará a la inteligencia temporal cuando se conecte a la inteligencia artificial. Puedes emplear la IA para ayudar en el engorroso proceso de levantamiento de datos y contexto. Esto le dará un sistema centralizado.

Recolección automatizada de información

La tecnología de la IA permite la recolección automatizada de información para tener un plan de negocios. Hay un control de las entradas de tiempo manual de los trabajadores; por lo tanto, recoge automáticamente datos del ecosistema de comercio, lo que lo frena a los resultados concretos y a las limitaciones. Le proporciona una tecnología de identificación facial en la que un trabajador puede caminar hasta su reloj de fichar e iniciar sesión mediante el uso de la identificación facial. Gracias a ello, el proceso tiende a ser más rápido, accesible y ofrece las ventajas de la biometría sin ningún curso adicional ni costos de software.

Recibir asistencia de asistentes personales

Este es uno de los tipos de IA más familiares con los que te has encontrado. Alexa, Google Now, y Siri son sistemas usuales de IA que pueden estudiar tus demandas y características. Te proporcionarán datos esenciales cuando se les haga una pregunta. Otros fabricantes de IA se concentran en crear una lista de tareas que te ayudará a priorizar tus tareas y a enviar avisos. Pueden dar un registro de cómo se han estado desempeñando anteriormente. Otros también pueden ayudarte a planear tus correos electrónicos, alertarte sobre viajes, manejar tus listas de contactos y fotos.

Administrar la tarea en tiempo real

Con la información convirtiéndose en tiempo real, las operaciones se han clasificado para tomar decisiones cruciales de inmediato. Los jefes y gerentes pueden tener avisos y alertas anticipadas que les hacen tener un enfoque proactivo mientras hacen sus veredictos.

Personalización del flujo de trabajo

Muchos oficios están teniendo problemas en lo que se refiere a las hojas de tiempos, el problema de las excepciones, los errores y la imprevisibilidad. Los sabios flujos de trabajo simplifican los procesos comerciales al validar los datos en tiempo real con la exención incorporada; así, un administrador puede ver dónde y cuándo tiene un impacto positivo.

Las herramientas de gestión del tiempo impulsadas por la Inteligencia Artificial funcionan de diferentes maneras, como:

- **Hábito** - La herramienta habilitada por la IA anotará tus hábitos y te dará sugerencias sobre las fechas de vencimiento, preferiblemente. En caso de que respondas a tus correos el lunes por la mañana, entonces la respuesta se puede establecer para ese día en particular.

- **Prioridad de la tarea** - la herramienta puede estimar

la urgencia de cualquier tipo de tarea rastreando la información sin saberlo de la lista de tareas.

- **Manteniendo un registro de los días de la semana y los fines de semana** - la herramienta puede almacenar archivos de tareas que se pueden ejecutar en los días de la semana. También programará tareas para ser realizadas semanalmente.

- **Próximas tareas** - si estás lleno de tareas un jueves y estás libre el viernes, entonces IA tratará de equilibrar la carga a lo largo de los siete días apropiadamente.

- **Visiones diarias y semanales** - puedes planear tus percepciones diarias y semanales dependiendo de las tareas que quieras ejecutar diariamente y semanalmente. La herramienta de gestión del tiempo puede ayudar a las fechas de vencimiento, ayudándote así a cumplir con objetivos explícitos.

Se encuentra en condiciones de definir los objetivos de la empresa y crear un modelo de datos para mejorar y dar retroalimentación; luego, puede utilizar la IA para la optimización de los recursos y la preparación. Esto puede ayudar a transportar y tener la logística en tu comercio. La previsión es el mejor método que puedes emplear para ayudar a la ejecución de proyectos de ajuste excepcionales y reducir el número de fallos. Cuando decidas utilizar la Inteligencia Artificial para mejorar la ejecución de tu proyecto, debes buscar formas de intentar mejorarlo. La mayoría de las herramientas impulsadas por la IA son capaces de aprender de los hábitos mediante el uso de la inteligencia artificial, sugiriendo cualquier cambio necesario.

La IA se encarga de la retención e interacción con los clientes

La mayoría de las secciones de marketing de éxito deben hacerse preguntas sobre lo que quieren sus clientes y qué tipo de productos se ajustan y satisfacen los deseos de un cliente. Pueden responder a tales preguntas mediante el uso de la inteligencia artificial.

Mejora de las interacciones entre el hombre y la computadora

El procesamiento del lenguaje natural y el aprendizaje de la máquina son proyectos capaces de abarcar la vasta área de la IA que pueden ser utilizados para mejorar y perfeccionar el producto a descubrir y la experiencia de compra en general. La identificación del habla, junto con la comprensión del idioma nacional, entre otros, es capaz de opciones que permitirán a las personas utilizar frases habladas o escritas para comunicarse con los sistemas informáticos. Esto permitirá a los clientes interactuar directamente con las solicitudes, a diferencia de lo que ocurre con otras interfaces de un dispositivo como un teléfono móvil o una mesa, entre otros. La NPL cambia la palabra hablada para tener la intención del usuario y cuando se utiliza en asociación con el contexto del usuario, puede hacer que le guste su más que artificial. Los métodos cognitivos, como el aprendizaje profundo, pueden aumentar el proceso. Los métodos de NPL supervisados y no supervisados pueden ser utilizados para mejorar los modelos y algoritmos avanzados. Debido a esto, los sistemas de comercio mejorados por el ML, y la IA sabiamente cruzará y aumentará la venta de propuestas convincentes. Esto traerá consigo un aumento de los índices de conversación, del valor del pedido en general y de la lealtad del comprador y el valor de por vida del comprador.

Ayuda a identificar las necesidades de un cliente

Muchos comerciantes están aprovechando los datos masivos y el análisis predictivo para la presentación. La lógica es que cuanto mayor sea el conjunto de información, y hay un aumento de los algoritmos poderosos que se están utilizando, por lo tanto, resulta en grandes elogios de los clientes. Los motores personalizados reunirán personajes personales con micro datos que rastreen sus características junto con marcas de puntos de contacto para tomar una decisión sobre productos y servicios basada en necesidades anteriores. Esto reúne datos de los clientes con información de Internet basada en el análisis de ML que incorporará cosas como el tiempo empleado en la solicitud, los clics, los desplazamientos y los niveles de interés. Cuando muchas personas utilicen Internet y compren utilizando la marca, entonces habrá una mejor y más fácil personalización. Los compradores tendrán la libertad de proporcionar información sobre sus intereses personales cuando consideren la compra de los sistemas.

Mejora su precio y lo hace dinámico

El mayor problema que enfrentan los administradores de precios es la fluctuación diaria. Las empresas de comercio electrónico tienen plataformas que ayudan a la gestión de la oferta y la demanda con ML que pueden dividir los segmentos de compradores de los clientes. Esto proporcionará al comercio el poder de determinar el costo de los clientes que pueden pagar a nivel personal. También examina los datos de los clientes y confirma el precio que un cliente puede pagar. El hecho de pasar por alto los beneficios de la IA cambia la historia en el comercio electrónico y la operación de servicios. La IA desbloquea el patrón oculto en las características de los programadores para aprender o estudiar los pasos a seguir o las mejores oportunidades de éxito. Cuando se aprovecha la NPL, el comprador también obtendrá experiencia, y obtendrá una visión comercial rentable. Esto traerá una ganancia para el cliente y la marca.

Aplicación de la IA en la vida común

- **Investigación médica y química**

  o **Imágenes médicas** - los escaneos médicos se recogen sistemáticamente y se mantienen durante algún tiempo hasta que están disponibles para entrenar los sistemas de IA. La IA reduce el costo y el tiempo de los escaneos, dando así la ventaja de tener un mejor tratamiento. La IA proporciona resultados que son alentadores para detectar la neumonía, el cáncer y las enfermedades oculares.

  o **Cirugía**: los robots controlados por la IA se utilizan para realizar tareas específicas durante la cirugía, como atar nudos para cerrar heridas.

- **La industria del sexo**

  La prueba de un conjunto de datos es la misma que la del conjunto de datos de entrenamiento que contiene siluetas que forman a las personas para copiar imágenes reales en los casos de trata de personas en los que las víctimas utilizan una capa negra. Los sistemas han sido entrenados para identificar la decoración de las habitaciones de los hoteles, y la mayoría de las imágenes superiores descifradas son de la cadena de hoteles correcta.

- **Industria del transporte**

  Garantizará la seguridad de todos los usuarios de la carretera: la seguridad de los pasajeros, peatones y conductores es una de las mayores preocupaciones de la industria del transporte hoy en día. La IA ha disminuido el número de errores humanos. Ha sido capaz de predecir y monitorear el tráfico. Las formas de predicción le ayudarán a conocer las condiciones del tráfico y a calcular automáticamente métodos alternativos. Habrá un mantenimiento de vehículos que prediga usando sensores y tableros inteligentes. Habrá una implementación de las características del conductor que comprueba y mejora la seguridad y aumenta la producción. Puede analizar la información de los sensores y comprobar su flota a través de los tableros de control de datos para una conectividad inteligente de trenes, barcos y camiones. La IA puede ajustar su ruta para evitar la congestión y los incidentes y asignar tiempo para las ocasiones en las que los atascos son inevitables.

- **Industria de la enseñanza**

La IA ha tenido un gran impacto en la industria de la enseñanza al simplificar las tareas administrativas. Tiene una expedición automatizada de las tareas administrativas para los profesores y las instituciones. La IA ha ideado muchas maneras de calificar los sistemas y ha ganado mucha atención en la junta de admisión de las escuelas. El contenido inteligente estará ahí para dar a los estudiantes técnicas para lograr el éxito académico. La tecnología de la IA tiene una tecnología que se ha utilizado en los estudiantes, y se les está enseñando en las escuelas. Los sistemas de tutoría de IA pueden dar una retroalimentación natural y trabajar con los estudiantes directamente. Los métodos apenas están empezando, y pueden volverse digitales con cosas como los profesores, y estos pueden ayudar a los estudiantes con los deseos educativos. La IA promulga el aprendizaje global porque la educación no tiene límites, por lo que la IA elimina estos límites. La IA ha mejorado los procesos de TI desatando nuevas eficiencias.

- **Agricultura Industria**

La agricultura y la ganadería es una profesión muy importante en todo el mundo. La IA ha ayudado a analizar la información de las granjas. Las granjas dan muchos detalles sobre el terreno todos los días. La IA ha ayudado a los granjeros a analizar una serie de cosas en concurrencia como las condiciones meteorológicas, el uso de agua de alta temperatura de su granja para aumentar los pronunciamientos mejorados. La experiencia de la IA ayuda a los agricultores a tener planes para crear muchos rendimientos determinando el tipo de opciones, las opciones de semillas híbridas y la utilización de recursos. Los agricultores están agotando la IA para reparar los modelos recurrentes, mejorando así la precisión en la agricultura y aumentando la producción. Los modelos pueden predecir los patrones climáticos durante meses y ayudar a los agricultores a tomar decisiones. El pronóstico estacional es valioso para los pequeños agricultores, ya que ayuda a mejorar los países, ya que su información puede ser restringida.

La posesión de los pequeños ranchos para seguir trabajando y desarrollando rendimientos es vital porque ayudan en la producción del 70% de los cultivos del mundo. La IA aborda los desafíos laborales, y esto se debe al desafío de la fuerza de trabajo. La mayoría de las granjas necesitan muchos trabajadores para ayudar a cosechar los cultivos y mantener las granjas productivas. Las soluciones para ayudar a la escasez de trabajadores son los robots agrícolas de la IA. Los bots han sido utilizados para aumentar la mano de obra humana usando diferentes formas. Los robots pueden hacer la cosecha a un volumen más alto y a velocidades más rápidas que los trabajadores humanos. Los robots también trabajan con precisión identificando y eliminando las malas hierbas. Han reducido los costos de las granjas trabajando a lo largo de las estaciones, a diferencia de la mano de obra humana.

Cambios de IA en el sistema bancario para un cliente

Los bancos tienen dificultades para tratar de reducir los costos, cumplir con los márgenes y superar las expectativas de los clientes a través de la experiencia individual. Para mejorar esto, la implementación de la IA es muy vital. La mayoría de los bancos han comenzado a adoptar la IA y las tecnologías conectadas en todo el mundo. Un estudio del Instituto Nacional de Investigación de Negocios, afirma que el 32% de las organizaciones financieras están usando la IA mediante el uso de reconocimiento de voz y análisis de predicción. El desarrollo de la tecnología móvil tiene un gran campo de juego en el sector bancario. El servicio de atención al cliente automatizado impulsado por la IA ha ganado un firme control. Las características de la IA han permitido servicios, ofertas y conocimientos dentro de las características y necesidades de los programadores. Las máquinas cognitivas han sido entrenadas para aconsejar e interactuar dando un análisis de los datos de los programadores. Muchos bancos están desplegando herramientas para ayudar a examinar las transacciones en tiempo real.

Ejemplos de Inteligencia Artificial

Filtros de correo electrónico no deseado

Los filtros están usando el aprendizaje automático, formando la IA para aprender qué correos electrónicos quieres y cuáles no. Esa no es la única IA que puedes tener en tu bandeja de entrada. Google ha ideado un servicio potenciado por la IA, conocido como Smart Reply, que ha creado un breve mensaje de correo electrónico que ha ayudado a responder con sugerencias basadas en la respuesta a mensajes conocidos.

Herramienta de colaboración Slack

Slack es una herramienta de chat que está siendo utilizada por las organizaciones de comercio para organizar la comunicación. Muchas organizaciones nunca se han dado cuenta de que Slack está usando la IA entre bastidores para ayudar en el análisis de la información que ha reunido sobre cada compañía y sus trabajadores que usan la herramienta. Esto es, por lo tanto, mejorar los desarrollos y mejorar la producción de las personas que la utilizan.

Teslas estudiando desde otros Teslas

Los coches Tesla se han conectado y han aprendido el uno del otro, aunque Elon Musk ha hecho girar las plumas en el mundo de la IA. En cualquier caso, un vehículo se mueve para evitar los obstáculos en la carretera; la otra flota sabrá qué hacer después de que se entreguen las actualizaciones, compartiendo información. El equipo sigue trabajando para construir automáticamente coches para tu carretera, y la IA es parte de su operación.

Videojuegos

La inteligencia artificial ha sido asociada a un videojuego durante mucho tiempo, y ahora más de sus aplicaciones son sofisticadas. Cuando se trata de series de juegos, los individuos de la IA han girado basándose en su comunicación con los jugadores. Hoy en día, todos los videojuegos que se juegan están potenciados por la IA de alguna manera.

Composiciones musicales

Cuando quieras ayuda para concentrarte, relajarte, meditar o dormir, puedes probar Brain.fm, el escritor de música de IA más avanzado del mundo. La mayoría de la música del servicio es creada por la IA y ha sido probada por sus resultados para crear música. El cerebro anhela lograr el resultado deseado, y esta no es la única manera en que la IA hace pasos en las ondas.

Coches de auto-conducción

Una de las aplicaciones importantes que la IA innovó en los vehículos autónomos. La idea era antes una fantasía de ciencia-ficción, y ahora es una realidad práctica. La mayoría de la gente era escéptica sobre la tecnología cuando estaba empezando, los coches sin conductor ya se han introducido en la industria del transporte. Los taxis automatizados ya han comenzado a funcionar en Tokio. Por medidas de seguridad, se supone que un conductor se sienta en el coche para controlar el vehículo en caso de emergencia. El fundador de los coches ha dicho que la tecnología ayudará a reducir el costo de las operaciones de taxi, por lo que ayudará a aumentar los medios de transporte público en regiones remotas.

La logística americana ha adoptado los camiones automáticos para cosechar muchos beneficios. Con la llegada de los camiones autónomos, los valores de mantenimiento y administración se reducirán en un 45%. La mayoría de las empresas siguen trabajando en sus proyectos piloto, esforzándose así por mejorar los vehículos autónomos sin fallos y seguros para los pasajeros. Esta tecnología ha evolucionado, y los coches autónomos ya han ganado una gran confianza y se han convertido en la corriente principal en el ámbito de los consumidores. El vehículo tiene una combinación de diferentes sensores para percibir su entorno; esos sensores incluyen un radar, un sonar y unidades de medición inercial.

CAPI'TULO 7

Ciencia de los datos

La ciencia de los datos es una mezcla interdisciplinaria de lógica de datos, desarrollo de algoritmos y tecnología para desentrañar cuestiones científicamente difíciles. En su núcleo es una colección de datos en bruto, que fluyen y se almacenan en los almacenes de datos de las empresas. La ciencia de los datos es una disciplina que unifica la estadística, el análisis de la información, el aprendizaje de las máquinas y sus métodos comunes para entender y analizar los sucesos reales con los datos. La ciencia de los datos emplea técnicas y enfoques extraídos de varios campos en el contexto de la aritmética, la estadística, la ciencia de la ingeniería y la ciencia de los datos. Se alude a la ciencia de los datos como un "cuarto paradigma" de la ciencia (empírico, teórico, de procesos y actualmente impulsado por la información). La totalidad de la ciencia es dinámica debido al impacto de la tecnología de la información, por lo tanto, causando la inundación de datos.

La ciencia de los datos trata de usar estos datos descubiertos de forma creativa para obtener valor para su negocio. Podemos construir capacidades avanzadas con ellos. Podemos aprender y construir potencialidades avanzadas a partir de los datos que extraemos.

La ciencia de los datos es un término genérico que abarca el análisis de la información, la minería de datos, el aprendizaje de las máquinas y varias otras disciplinas relacionadas. Mientras que se prevé que un científico de datos pronostique el futuro apoyado en patrones del pasado, los analistas de información extraen conocimientos carnosos de diversas fuentes de información. Un científico de datos crea consultas, mientras que un analista de datos encuentra respuestas al conjunto actual de consultas.

Minería de datos, análisis y comprensión

El análisis y la extracción de datos pertenecen al subconjunto de inteligencia comercial (BI) que integra además el almacenamiento de datos, el procesamiento analítico en línea (OLAP) y los sistemas de gestión de bases de datos. El análisis de datos abarca asimismo un par de ramas completamente diferentes de estadísticas y análisis más amplios que facilitan la combinación de varias fuentes de datos y la búsqueda de conexiones, simplificando así los resultados.

Cada una de estas facetas de la ciencia de los datos se refiere a descubrir hallazgos a partir de los datos. Sumergiéndose en un nivel crudo para minar, observar y entender tendencias complicadas, comportamientos y suposiciones. Se trata de análisis de regresión de la visión enterrada, que facilitará a las corporaciones a tomar decisiones de negocios más inteligentes.

Tienes cuatro V's que se usan en relación con los datos grandes; volumen, veracidad, velocidad y variedad. Existe otra V que es vital para la validez de tu conocimiento. Hay un proverbio en la programación: "Basura dentro, basura fuera", y el estándar de tu análisis depende del estándar de tus datos.

La reunión de datos podría consistir en la realización de encuestas, sondeos o la realización de diferentes experimentos. A lo largo de esta recopilación, los datos podrían contaminarse cada vez más, lo que puede dar lugar a análisis incorrectos o contribuir a crear decisiones comerciales equivocadas. Si bien las formas de investigación podrían ser contradictorias según la materia, la etapa óptima para decidir los procedimientos científicos aplicables se da al principio del método de análisis y no debería ser una segunda reflexión.

El aumento de los datos que se generan anualmente mantiene la obtención de información útil que es mucho más vital. Los datos suelen guardarse en un almacén de datos, datos resumidos de los sistemas internos y datos de fuentes externas, un depósito de información reunida de diversas fuentes, junto con las bases de datos de la empresa. El análisis del informe incluye bases de datos de consulta y registro simples, análisis de matemáticas aplicadas, minería de datos y muchos análisis inter dimensionales complejos.

Como ejemplo:

- Netflix extrae datos sobre los patrones de visionado de películas para saber qué es lo que despierta el interés de los clientes y aplica esos datos para formar selecciones en una serie original de Netflix para presentarla.
- El objetivo identifica los comportamientos de compra distintivos de los clientes entre sus principales segmentos de clientes que ayudan a orientar la comunicación electrónica a un mercado totalmente diverso.

- Proctor & Gamble utiliza diseños estadísticos para percibir claramente la demanda prospectiva, lo que facilita el establecimiento de niveles de producción con mayor éxito.

¿Cómo excavan los científicos de los datos? Comienzan con la investigación de datos. Cuando se les presenta una pregunta difícil, los científicos de datos se convierten en investigadores. Investigan las pruebas e intentan descifrar los patrones o características de los datos. Esta habilidad requiere cierta capacidad analítica. Luego, los científicos de la información aplican la técnica cuantitativa para comprender la información a un nivel más profundo - por ejemplo, análisis de segmentación, modelos presuntos, predicción estadística, experimentos de control artificial, etc. La intención es elaborar científicamente una visión general forense de lo que los datos están poniendo exactamente. El conocimiento basado en los datos es fundamental para proporcionar una dirección inteligente y calculada. Por lo tanto, los científicos de los datos asumen el papel de consultores, ofreciendo una visión a las empresas interesadas sobre cómo trabajar en los hallazgos.

El propósito de reunir los datos de las empresas conjuntamente en una estructura -generalmente en el almacén de datos de una empresa- es acelerar el análisis, de modo que los datos que se reúnen de una serie de diversas actividades de la empresa se aplican para mejorar la comprensión de las tendencias fundamentales de su negocio. Una de las áreas de más rápido crecimiento en la ciencia de los datos está relacionada más frecuentemente con el análisis multidimensional.

Una estrategia eficaz de reposicionamiento de datos requiere una forma sólida, ágil y sencilla de cultivar información ventajosa a partir de los datos reunidos. Los instrumentos de extracción y análisis de datos utilizan métodos cuantitativos, reconocimiento de patrones, búsqueda de correlaciones, análisis de conglomerados y asociaciones para investigar los datos con una interferencia mínima o nula de las tecnologías de la información. La información resultante se entrega al cliente de forma exhaustiva. Los procesos se denominan conjuntamente inteligencia comercial. Los administradores elegirán entre muchos tipos de herramientas de análisis, junto con informes y consultas, entornos de consulta gestionados, y OLAP y sus alternativas. Éstos se apoyan en la minería de datos que desarrolla patrones que se aplicarán para el análisis posterior completando el método de BI.

Tipos de datos

Los tipos de datos son un concepto estadístico crucial que debe entenderse para explotar el análisis estadístico a sus datos correctamente y para sacar inferencias precisas sobre los datos adecuadamente. El primer factor que hay que intentar hacer después de empezar a aprender estadística es tomar conciencia de las variables de datos que se utilizan, como las variables numéricas y categóricas. Las diferentes variables necesitan diferentes tipos de matemáticas aplicadas y enfoques de visualización.

Tener un conocimiento decente de las diversas variables de datos, también conocidas como escalas de medición, podría ser un requisito fundamental para realizar el análisis exploratorio de datos (ADE), ya que sólo se pueden aplicar mediciones estadísticas específicas para determinados tipos de datos. Además, se debe comprender la variable de datos que se aplicará para establecer la técnica de visualización correcta. Los tipos de datos deben considerarse como la forma más simple de clasificar las diferentes variables. Dos tipos principales de variables o escalas de medición son:

Numérico

Los datos numéricos son información medible y, por supuesto, son datos descritos como números y no como palabras o texto. Como el peso, la altura, la presión sanguínea o el coeficiente intelectual de una persona. O tal vez los datos son un conteo, como el número de acciones que posee un individuo, el número de capítulos de una obra literaria, o cuántos libros podrá leer de su autor favorito antes de que termine el año. (Los expertos en estadística se refieren conjuntamente a los datos numéricos como datos cuantitativos).

Los datos nominales suelen dividirse además en dos tipos: distintos y continuos. Obsérvese que los datos nominales no tienen ningún orden; por lo tanto, si se alterara la disposición de sus valores, el efecto permanecería inalterado y sin cambios.

Datos discretos

Los datos discretos tienen una conclusión lógica. Representa las cosas que pueden ser contadas; hace valores probables que pueden ser registrados. La lista de valores reales también podría ser finita (también llamada fija), o va a comenzar desde 0, 1, 2, hasta la eternidad (haciéndola computablemente infinita). A modo de ilustración, la cantidad de colas en cien lanzamientos de monedas supone valores desde cero hasta cien, pasando por el caso finito. Sin embargo, la cantidad de lanzamientos necesarios para llegar a cien colas supone valores desde cien en adelante hasta la eternidad (si nunca se llega a las cien colas). Los posibles valores del lanzamiento de la moneda se enumeran entonces como cien, 101, 102, 103, y así sucesivamente (representando el caso countativamente infinito).

Datos continuos

Los datos continuos no tienen un final lógico. Representan medidas; sus posibles valores no pueden ser contados y sólo pueden ser delineados con intervalos en la línea numérica real. Para ilustrarlo, la cantidad precisa de petróleo líquido comprado en la bomba para los automóviles con tanques de 30 litros sería un dato continuo de cero a treinta litros, descrito por los intervalos de 0 a 30 inclusive. Se puede bombear 10,20 litros, o 10,21, o 10,214863 litros, o cualquier cantidad de cero a treinta. Utilizando este enfoque, los datos continuos se consideran a menudo como infinitos desde el punto de vista computacional. Para llevar un registro sencillo, los analistas de datos a veces seleccionan un número dentro del rango para redondearlo.

Cuando se recogen datos numéricos, se utiliza:

- Frecuencias: Una frecuencia es una tasa que una cosa sucede durante una cantidad de tiempo o a intervalos en un conjunto de datos.
- Proporción: La proporción se calcula dividiendo la frecuencia por la suma total de los eventos.
- Porcentaje.

Métodos de visualización: para examinar la información nominal, podrá utilizar un gráfico de barras o un gráfico circular.

Categórico

Los datos categóricos suelen ser cualquier dato que no sea un número, lo que podría significar una cadena de texto o una fecha. Estas variables pueden ser suavizadas en valores nominales y ordinales, aunque normalmente no se vería realizado. Los datos categóricos representan características. Por lo tanto, representarán cosas como el idioma de una persona, su origen étnico, etc. Los datos categóricos también pueden desafiar los valores numéricos, (tomando un ejemplo como: 1 para "on" y 0 para "off"). Es importante señalar que estos números no tienen ningún significado en el sentido matemático, son simplemente etiquetas.

Ordinal

Los valores ordinales describen unidades discretas y ordenadas. Ejemplos de valores ordinales incluyen tener una prioridad en un virus como "Crítico" o "Bajo" o la clasificación de un restaurante como "Cinco Estrellas" o "Tres Estrellas". Por lo tanto, es posible encapsular su información ordinal con frecuencias, proporciones y porcentajes. Haciendo esto, podrás visualizar los datos a través de un gráfico de barras o de pastel. Además, podrás usar la mediana, los percentiles, el modo y también el rango intercuartil para compilar tus datos.

Además de los valores ordinales y nominales, existe un tipo

selecto de datos categóricos conocidos como binarios. Los tipos de datos binarios sólo tienen dos valores: sí o no. Se podrían describir de numerosas maneras como "Verdadero" y "Falso" o uno y cero. Los datos binarios se emplean mucho para los modelos de aprendizaje de las máquinas de clasificación. Las muestras de variables binarias incluirán si un individuo ha detenido o no su servicio de suscripción, o si un individuo ha comprado un coche o no.

Agrupación

El propósito de los algoritmos de clasificación y agrupación es dar sentido y extraer valor de conjuntos gigantescos de datos tanto estructurados como no estructurados. Cuando se opera con grandes volúmenes de datos desorganizados, sería inteligente dividir los datos en algunas agrupaciones lógicas antes de intentar analizarlos. Una definición poco precisa de un grupo puede ser el método de organizar los elementos en grupos que tienen miembros con características similares.

La agrupación y la clasificación le permiten mirar ampliamente sus datos en bloque, para crear algunas estructuras lógicas apoyadas por lo que usted descubre allí antes de profundizar en el análisis práctico.

Los cúmulos, en su forma más pura, son conjuntos de puntos de datos que comparten características similares, y los algoritmos de cúmulos son las formas de clasificar estos puntos de datos en cúmulos totalmente distinguidos y fundamentados por su correlación. Verá los algoritmos de cúmulos aplicados para la clasificación de enfermedades en las ciencias médicas. También conocerá el algoritmo aplicado para la clasificación de clientes en la investigación y la ingeniería medioambiental y la evaluación de riesgos para la salud. Hay dos formas diferentes de agrupación, dependiendo de su conjunto de datos:

- **Jerarquizada**: Los algoritmos producen conjuntos individuales de cúmulos anidados, cada uno en su propio nivel de rango.

- **Parcial**: Los algoritmos producen sólo un conjunto de cúmulos.

La agrupación puede considerarse el obstáculo más importante para el aprendizaje no supervisado; así pues, como todo inconveniente alternativo de este tipo, la agrupación se ocupa de encontrar un sistema en una compilación excesiva de datos no etiquetados.

Importancia de la agrupación

El objetivo de la agrupación es elaborar la agrupación inherente en una colección de datos no estructurados. Sin embargo, ¿debemos decidir en qué consiste un agrupamiento decente? Se puede demostrar que no hay un criterio "ideal" perfecto, que podría estar libre del objetivo final de la agrupación. Por consiguiente, es el usuario quien debe proporcionar este criterio de manera que el resultado del conglomerado se ajuste a sus deseos.

Tome, por ejemplo. La gente tiende a estar interesada en encontrar representantes de equipos homogeneizados, en encontrar "agrupaciones naturales" y describir sus propiedades anónimas (tipos de datos "naturales"), en encontrar agrupaciones ventajosas y adecuadas o en encontrar piezas de datos poco comunes.

Aplicaciones de agrupación

Los algoritmos de agrupación pueden aplicarse en varias industrias, por ejemplo:

- Marketing: para encontrar grupos de compradores con un comportamiento similar dada una extensa base de datos de información de clientes que contiene sus características y registros históricos de compras.
- Planificación urbana: caracterización de grupos de casas por el tipo de casa, el precio y la ubicación geográfica.
- Biología: usando la taxonomía, la clasificación de los animales y las plantas se les da a sus características.
- Bibliotecas: libros de consulta.

- Seguros: distinguir los grupos de titulares de contratos de automóviles con un coste medio de reclamación más elevado; así como identificar el fraude.

- Estudios sísmicos: determinar los epicentros de los terremotos para detectar zonas peligrosas.

Las necesidades primarias que una regla algorítmica de agrupamiento debe satisfacer son:

1. Escalabilidad
2. Capacidad para tratar con diferentes tipos de atributos
3. Alta dimensionalidad
4. Descubriendo grupos con forma discrecional
5. Interpretabilidad y valor
6. Necesidades mínimas de información de dominio para elaborar el criterio de entrada
7. Capacidad para manejar el ruido y los objetos de datos inusuales
8. Insensibilidad a la disposición de los registros de entrada

Limitaciones de la agrupación

Hay algunas cuestiones relacionadas con la agrupación, entre las que se incluyen:

- Las técnicas actuales de agrupación no satisfacen

suficientemente (y simultáneamente) todas las necesidades

- Los grandes datos y el tratamiento de una amplia gama de dimensiones pueden ser problemáticos debido a la complejidad del tiempo

- Los resultados del algoritmo de clasificación (que en varios casos puede ser discrecional en sí mismo) pueden tomarse de numerosas maneras

- La eficacia de la estrategia de agrupación depende de la descripción de la "distancia", (como en la agrupación basada en la distancia), pero si no existe una distancia física, tenemos la tendencia a "definirla", lo cual no es una tarea fácil, particularmente en los espacios multidimensionales

Las aplicaciones de la ciencia de los datos incluyen:

Los motores de búsqueda de Internet utilizan algoritmos de ciencia de los datos para obtener los resultados correspondientes a las consultas de búsqueda en una fracción de segundo.

Los anuncios digitales, incluyendo el espectro completo del marketing digital, utiliza los algoritmos de la ciencia de los datos - desde los banners de los espectáculos hasta las vallas publicitarias digitales. Esta es a menudo la razón principal para que los anuncios digitales obtengan una mayor tasa de clics que los anuncios tradicionales.

Los sistemas de recomendación no sólo facilitan la búsqueda de productos pertinentes entre los miles de millones de productos del mercado, sino que también aumentan la experiencia de los usuarios. Muchas empresas utilizan esta técnica para comercializar sus productos y sugerencias según las demandas del usuario y la conexión de datos. Las recomendaciones se apoyan en los resultados de búsquedas anteriores del usuario.

Watson, de IBM, es una tecnología de IA que ayuda a los médicos a determinar rápidamente los datos críticos del historial médico de un paciente para reunir pruebas relevantes y explorar las opciones de tratamiento. Watson recoge el historial médico de un paciente y luego proporciona su recomendación basada en pruebas y personalizada, impulsada por los datos de un surtido curado de revistas, libros de texto y páginas de textos que ofrecen a los médicos acceso instantáneo a una abundancia de información adaptada al plan de tratamiento del paciente. Blueberry es un ejemplo de un robot creado por Kory Mathewson, que puede hacer comedia de improvisación gracias a que se alimenta de los subtítulos de muchos miles de películas. Lo entrenó para hacer líneas de diálogo para una actuación de improvisación, recompensándolo cuando el diálogo era sensato y castigándolo cuando decía tonterías. Aunque Blueberry no hará una audición en un concurso de talentos en un futuro próximo, este encantador robot a menudo golpea las notas adecuadas con líneas divertidas.

CAPI'TULO 8

Internet de las cosas

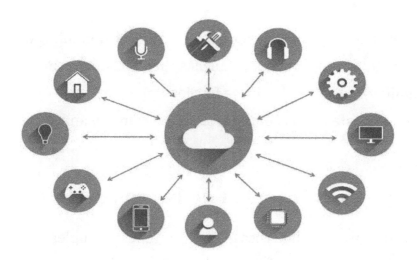

Uno de los conceptos más comunes hoy en día en el mundo del desarrollo de aplicaciones móviles es la Internet de las Cosas. Desde las aplicaciones de consumo más sencillas, como los artículos de vestir y los hogares inteligentes, hasta las soluciones industriales más complejas, como las carretillas elevadoras sin conductor, la Internet de las Cosas (IO) ha penetrado en todos los aspectos de la tecnología y está cambiando gradualmente la forma en que vivimos, interactuamos con los demás y trabajamos con dispositivos habilitados para Internet.

En un informe recientemente publicado por Statista, más de 31 mil millones de dispositivos, incluyendo teléfonos inteligentes, coches, relojes inteligentes y prendas de vestir, estarán todos conectados a finales de 2020. La cifra se registra actualmente en 23.000 millones, lo que demuestra el crecimiento exponencial de la IO.

Si bien el concepto de IO ha estado en el dominio público durante mucho tiempo, muchas personas aún no están familiarizadas con él o con su funcionamiento. En este capítulo, vamos a entender el concepto clave, así como su aplicación.

¿Qué es el Internet de las cosas (IO)?

La Internet de las cosas (IO) se refiere simplemente al ecosistema conectado de dispositivos físicos, aparatos, vehículos y otras cosas que pueden recoger datos e intercambiarlos a través de una red inalámbrica y alámbrica sin ninguna intervención de persona a computadora o de persona a persona. A través de la integración y el intercambio de datos por los dispositivos físicos, esta tecnología se centra en mejorar la vida de las personas mediante la provisión de comodidad y simplicidad con posible eficiencia.

Mediante la integración de tecnologías complejas como la inteligencia artificial, el aprendizaje automático y la comunicación entre máquinas, la IO tiene por objeto ampliar la conectividad de los objetos físicos más allá de los dispositivos comunes que se apoyan en la Internet, como tabletas, computadoras y teléfonos inteligentes, a un espectro más amplio de objetos no habilitados para la Internet, como cafeteras, cerraduras de puertas y lavadoras. Este enfoque es importante ya que permitirá a los humanos controlarlos y monitorearlos con la ayuda de un simple aparato móvil.

Cómo funciona la IO

Así como otros dispositivos y sistemas informáticos tienen componentes y pasos predefinidos, también lo hace la Internet de las cosas. Un sistema completo de IO constituye cuatro componentes que trabajan juntos para asegurar que el sistema proporcione un resultado deseable. Los componentes clave se examinan a continuación.

- **Sensores/Dispositivos**

  Los sensores o dispositivos recogen incluso los datos más insignificantes del entorno, que pueden incluir información simple como la ubicación geográfica o datos complejos como la historia clínica de un paciente. Para recoger esta forma de datos, se pueden agrupar múltiples sensores para formar un dispositivo capaz de realizar tareas complejas que una simple actividad de detección. Por ejemplo, un teléfono inteligente está compuesto por varios sensores incorporados, como una cámara, un GPS y un acelerómetro, sin los cuales el teléfono no podría detectar ningún dato.

Así, el primer paso para el funcionamiento de la IO es la recolección de datos diminutos del entorno mediante el uso de múltiples sensores.

- **Conectividad**

Después de que los datos han sido recogidos por los sensores o dispositivos, van a la infraestructura de la nube, que es la plataforma de IO a través del uso de un medio. Aquí hay varias tecnologías de redes alámbricas e inalámbricas como Wi-Fi, Bluetooth, LPQAN, Redes Celulares y Ethernet que transmiten los datos recogidos. Aunque las opciones de conectividad representan la interacción del rango de conexión, el consumo de energía y el ancho de banda, la elección de la que transmite los datos a la nube depende significativamente de los requisitos específicos y los niveles de complejidad de la aplicación de la IO.

- **Procesamiento de datos**

Después de que los datos se han transmitido a las nubes, se almacenan, procesan y analizan mediante el uso del Gran Motor de Análisis de Datos para mejorar la toma de decisiones. El proceso de análisis puede ser tan simple como comprobar la temperatura de un aire acondicionado, o tan complejo como identificar a los ladrones en una casa a través del uso de cámaras de vigilancia. Una vez que los datos son procesados, se utilizan para llevar a cabo acciones inmediatas que pueden convertir un dispositivo físico ordinario en uno inteligente.

- **La interfaz de usuario**

En este último paso, el sistema de IO notifica al consumidor sobre la acción a través de texto, correo electrónico, alerta o sonido de notificación que es activado por el sistema. El usuario puede entonces dejar intacta la acción notificada, realizar manualmente una acción que afecte al sistema o comprobar proactivamente el sistema de IO. Por ejemplo, si un usuario realiza algunos cambios en una habitación en particular, podría ajustar la temperatura de la habitación utilizando la aplicación de IO que está instalada en su dispositivo.

Beneficios de la IO

Aunque el objetivo principal de la IO es automatizar la vida humana y hacer que todo sea eficiente, hay varios otros beneficios que la tecnología ofrece a los consumidores y a las empresas. Algunos de los beneficios clave incluyen:

- **Fácil acceso a los datos**

  A todo el mundo, incluidos los empresarios y comercializadores, le encantan los datos de calidad, y con la invención de la IO, las empresas pueden acceder más que nunca de manera efectiva a los datos relacionados con sus consumidores y productos. Son capaces de aprovechar los conocimientos sobre operaciones en tiempo real que obtienen de los dispositivos de IO para supervisar los comportamientos de sus clientes, mejorar la experiencia del consumidor y tomar decisiones más inteligentes. En pocas palabras, cuanta más información tenga, más probabilidades tendrá de tomar las decisiones correctas.

- **Mejor seguimiento y gestión**

  Con la IO, las industrias son capaces de rastrear, y la gestión se ha vuelto muy fácil. Desde la vigilancia del tráfico rodado y los cambios climáticos y el seguimiento de los inventarios hasta la notificación a las autoridades de cualquier actividad ilegal o preocupante, la IO ha revolucionado la forma en que las personas gestionan y rastrean sus activos empresariales. El sistema de IO no se trata sólo de dispositivos inteligentes o casas inteligentes; ahora es una oficina inteligente, un servicio inteligente y todo inteligente.

- **Utilización eficiente de los recursos**

  Ya sea en el hogar, el hotel, la oficina o el automóvil, la Internet de las Cosas facilita la utilización eficiente de los activos con el fin de mejorar la productividad. Gracias a la ventaja de las interacciones de las máquinas, un sistema de IO es capaz de reunir datos en tiempo real mediante el uso de actuadores y sensores, a fin de seguir utilizando los grandes datos para mejorar la eficiencia y, al mismo tiempo, reducir al mínimo la intervención humana. Un ejemplo es cuando su aparato electrodoméstico le alerta de una tarea completada, entonces nunca se preocupará por el uso eficiente de la energía en su casa.

- **Automatización y control**

  La IO promueve la automatización ya que los dispositivos están siempre conectados entre sí a través de una red inalámbrica, lo que hace que funcionen por sí mismos sin exceso de intervención. Por ejemplo, sus electrodomésticos como lavadoras, aires acondicionados y un horno pueden funcionar automáticamente incluso sin que usted los monitorice o controle a distancia.

- **Mejora la comodidad y la conveniencia**

  Vivimos en una sociedad acelerada, y la gente está muy ocupada que no les importan las pequeñas cosas como leer los medidores de energía o apagar las luces. Sin embargo, con la IO, estos problemas pueden ser abordados ya que la interconectividad de los datos y los dispositivos ofrecen un control total sobre los dispositivos que están conectados al sistema de IO. Con su capacidad de controlar los dispositivos de su hogar a través de un dispositivo centralizado como un teléfono inteligente, puede mejorar la comodidad y el confort.

- **Ahorra tiempo y dinero**

  El uso de la IO implica hacer más con el menor esfuerzo posible a través de tareas automatizadas y poca intervención humana. Al ser capaz de llevar a cabo sus incómodas tareas más rápido sin el uso de energía, la IO le permite ahorrar su dinero duramente ganado y ahorrar su tiempo de calidad. Por ejemplo, si uno de los aparatos electrónicos es capaz de apagarse a sí mismo después de una tarea, se ahorrará el esfuerzo y el tiempo que puede haber requerido para apagar el aparato manualmente.

Casos de uso de Internet de las cosas

Algunas de las aplicaciones de la IO en el mundo real son:

- **Hogar inteligente**

  Un hogar inteligente sigue siendo el mejor ejemplo de tecnología IO. Los dispositivos y sistemas de hogares inteligentes ofrecen una seguridad y comodidad óptimas a los usuarios y están diseñados para ahorrar energía y tiempo. Con un hogar inteligente, puedes controlar todo en tu casa, desde la temperatura hasta la iluminación con un simple control de teléfono inteligente.

- **Artículos de vestir**

  Aunque hay una gran variedad de relojes inteligentes y dispositivos de seguimiento físico en el mercado, muchas superpotencias como Intel y Samsung han comenzado a invertir en artículos de vestir con tecnología de IO. Mediante el uso de software y sensores instalados, estos dispositivos son capaces de rastrear y monitorear mediciones significativas de salud como los hábitos alimenticios, la presión arterial, los hábitos de sueño, el ritmo cardíaco y la ingesta de calorías.

- **Ciudades inteligentes**

  Diferentes países, entre ellos el Reino Unido, España, Japón y Corea del Sur, están haciendo esfuerzos para colonizar ciudades inteligentes con el objetivo de proporcionar a sus ciudadanos el mejor y más saludable ambiente para vivir. Los países recogen datos de los bienes, los ciudadanos y los dispositivos con el fin de resolver los principales problemas que enfrentan los habitantes de esas ciudades, como la delincuencia, la congestión, la distribución de agua y la gestión de los residuos.

- **Automóvil y transporte**

  Con la IO, las empresas de la industria automotriz como Tesla, Ford, Volvo y BMW ya están planeando mejorar su experiencia en el coche. Con tecnologías avanzadas como la visión por ordenador, sensores, sonar, Internet y mapas, estos vehículos funcionan sin conductores y pueden funcionar sin ninguna asistencia humana. Si se combina con el aprendizaje de las máquinas, la IO en el sector del transporte puede ayudar a realizar funciones como el control inteligente del tráfico, el aparcamiento inteligente, la gestión de flotas y la logística.

- **Medicina y atención sanitaria**

  El campo de la medicina utiliza actualmente dispositivos alimentados con IO para ofrecer alertas de emergencia a distancia y servicios de vigilancia de la salud. Mediante el uso de dispositivos inteligentes de atención sanitaria, los médicos pueden supervisar la salud de sus pacientes lejos del entorno clínico y proporcionar medicina sobre la base de los datos pertinentes. Además, los médicos del departamento de emergencias se mantienen preparados para cualquier emergencia porque la IO les permite estar al tanto de las condiciones médicas de sus pacientes.

- **IO industrial**

  La IO industrial es el sub campo de la IO que aprovecha la tecnología utilizada para resolver problemas industriales, eliminar eficiencias y automatizar procesos industriales. Aparte de la industria manufacturera, otras aplicaciones de IO industrial incluyen la industria aeroespacial, la gestión de la energía, la defensa y la agricultura futurista.

Internet de todo y su relación con la IO

El concepto de la Internet de Todo (IoE) se basa en la ideología de la inteligencia integral, la conectividad y la cognición. El concepto se refiere a las conexiones inteligentes de Internet que no están restringidas por ningún dispositivo como teléfonos inteligentes, ordenadores y tabletas.

El concepto de IO abarca cualquier objeto con características digitales que sea capaz de conectarse a la red de otros objetos, procesos o personas para generar e intercambiar información, así como para facilitar la toma de decisiones.

La filosofía de IoE describe una sociedad en la que se implantan miles de millones de sensores en diferentes máquinas, dispositivos y objetos ordinarios con el fin de ampliar sus oportunidades de conexión en red, mejorando así su capacidad de ser inteligentes. Las características clave de IoE incluyen:

- **Descentralización** - Con IoE, los datos se procesan en varios nodos distribuidos en lugar de en un solo centro.

- **Entrada y salida de datos** - El IOE permite que los datos externos se pongan en dispositivos y se compartan con otros componentes de la red

- **Se relaciona con todos los procesos de transformación digital** - la tecnología de IoE está interconectada con varios procesos digitales, incluyendo la IA, Big Data, aprendizaje automático, computación en la niebla y computación en la nube.

Elementos de IoE

Hay cuatro elementos constitutivos de IoE, que incluyen:

- **Gente** - La gente ofrece sus conocimientos personales a través de aplicaciones, sitios web y dispositivos conectados que utilizan. Estos datos suelen ser analizados por tecnologías inteligentes y algoritmos de IA para comprender los problemas que afectan a los seres humanos y proporcionar un contenido relevante acorde con las necesidades personales. Esto ayuda a proporcionar soluciones más rápidas necesarias para la toma de decisiones.

- **Cosas** - Estos son los conceptos puros de IoE. Varios elementos físicos que están incrustados con actuadores y sensores ayudan a generar datos sobre su estado y los envían a destinos específicos a través de la red de IoE.

- **Datos** - Los datos brutos que son generados por los dispositivos no tienen ningún valor. Sin embargo, una vez resumidos y analizados, se vuelven tan valiosos que pueden potenciar varios sistemas y soluciones inteligentes.

- **Procesos** - Los diferentes procesos involucrados en el IOE aseguran que la información correcta se reciba en el momento adecuado y se envíe a la persona adecuada. El objetivo de los procesos de IO es asegurar el mejor uso de los grandes datos.

La relación entre la IO y la IOE

El Internet de las cosas no es lo mismo que IoE. La diferencia fundamental entre los dos radica en el número de pilares que tiene cada concepto:

- IoE se basa en cuatro componentes, que incluyen cosas, personas, datos y procesos
- La IO sólo se centra en objetos físicos

En esencia, la IO implica la interconexión de objetos que envían y reciben información, mientras que IO es un término que incluye ampliamente varias tecnologías y personas como el extremo receptor.

Aunque los dos conceptos difieren, tienen similitudes comunes:

- **Descentralización** - Tanto la IO como la IO están distribuidas y carecen de puntos centrales; cada una de ellas funciona como un pequeño centro de gestión centrado en la realización de ciertas tareas independientemente de la intervención humana.

- **Cuestiones de seguridad** - Los sistemas siguen siendo muy vulnerables a los ciberataques y a la penetración; con más conexión de dispositivos, se vuelven más susceptibles a las infracciones.

Cómo la IA y la IO pueden combinarse para tener más éxito y fiabilidad

Mientras que la IO recoge datos del entorno, la IA actúa como el "cerebro" maestro que analiza los datos para ayudar en la toma de decisiones. Esto significa que la IO recoge datos mientras que las actividades de la IA procesan estos datos y proporcionan su significado. La útil integración de ambas tecnologías es más evidente en los sistemas actuales utilizados por los dispositivos de rastreo deportivo como Siri, Alexa y Google Home.

Con los dispositivos conectados, gracias a la IO, se pueden recoger más datos para ofrecer un conocimiento increíble a las empresas y al público en general.

Sin embargo, estos datos no pueden ser útiles para nadie si no se analizan. Y aquí es donde la IO entra en juego, utilizando las enormes cantidades de datos para predecir tendencias y ofrecer soluciones. Por lo tanto, los desarrolladores de tecnología deben mejorar la integración de la IA con los datos de IO a través de lo siguiente:

Análisis de datos de IO y IA

La IA se basa en cuatro análisis de datos de IO diferentes, que incluyen:

- Visualización de datos en flujo - Para integrar la IO con la IA, los desarrolladores deben tratar los datos en flujo mostrando, definiendo y descubriendo los datos recopilados utilizando formas inteligentes para mejorar la toma de decisiones.

- Exactitud de las series temporales de datos - Es necesario mantener un alto nivel de confianza en los datos que se han recogido para mejorar la integridad.

- Análisis avanzado y predictivo - Es muy importante analizar los datos recogidos mediante técnicas avanzadas y predictivas.

- Mantener el flujo de datos geoespaciales y en tiempo real.

Aplicaciones de la IA en IOT

Los micro datos visuales reunidos por la IO sólo pueden entenderse con aplicaciones de la IA, que podrían interpretar el contexto de las imágenes. Los nuevos sensores también permitirán a las computadoras recoger datos a través de formatos de audio dentro del entorno del usuario.

CAPI'TULO 9

Superpoderes de la inteligencia artificial

Los Estados Unidos han prolongado su permanencia en la vanguardia de la inteligencia sintética. Pero al conferirle al Dr. Kai Fu Lee uno de los más preciados silbidos de la esfera en la IA, China se ha quedado atrapada con los Estados Unidos a un paso sorprendentemente rápido. A medida que la rivalidad entre los dos países aumenta, Lee prevé que los dos países, China y los Estados Unidos, creen un duopolio en la IA. Las administraciones china y estadounidense tendrán que familiarizarse con el fluctuante escenario comercial como resultado de las interrupciones de la IA.

China y los Estados Unidos, a esta altura, tienen una primacía sobre otras naciones en la ingeniería de inteligencia artificial. A pesar de que se darán cuenta de las mejoras e innovaciones de otras naciones como el Reino Unido, Francia, Singapur, Canadá, estos países están dedicando muchos recursos en el caso de la IA. Ya han establecido laboratorios activos de investigación de la IA, dotados de abundante capacidad, pero les falta la unidad ecológica de inversión de riesgo y enormes puestos de trabajo para producir las estadísticas que serán clave para la era de la puesta en práctica que se encuentran en los Estados Unidos y China.

A medida que los establecimientos de la IA en los Estados Unidos y China reúnen estadísticas y dotaciones suplementarias, la honorable esfera del progreso basado en los datos para ampliar su punta a un punto en el que su columna vertebral se convierta en firme para que los demás países lancen cualquier desafío significativo. China y los Estados Unidos están en este momento alimentando a los monstruos de la IA que se apoderarán de los mercados mundiales y extraerán tesoros de los clientes en todas partes de la tierra.

Lee explica que China se ha reunido precipitadamente a los Estados Unidos a un ritmo sorprendentemente rápido e impredecible, y como resultado de esta competencia, argumenta, los cambios dramáticos pueden ocurrir antes de lo esperado.

Los supremos sabios han previsto que la IA tendrá una influencia perturbadora en las ocupaciones del color azul. Los expertos han instado a las dos naciones a acordar tomar y rodear las abundantes responsabilidades que emanan de un poder técnico sustancial. Lee argumenta que no sólo se verán afectados los trabajos de los obreros. Él cree que el avance tecnológico tendrá un impacto en los trabajos de cuello blanco también. Lee se adelanta para proporcionar una descripción perfecta de las tareas que serán exageradas y cuán rápido. Él da su sugerencia sobre las resoluciones de algunas de las desviaciones filosóficas en tiempos pasados que se avecinan rápidamente.

¿Quién triunfará en la competencia de la IA entre los EE.UU. y China?

Actualmente, en la IA de Internet, las corporaciones chinas y americanas están en pie de igualdad. Sin embargo, se prevé que los sindicatos de maquinaria chinos tendrán una pequeña mejora respecto a sus homólogos americanos en los próximos cinco años.

En la IA de negocios, los estados están a la cabeza. Sin embargo, se espera que China se acerque rápidamente en los próximos cinco años. Es probable que China se quede atrás en el mundo comercial, pero es probable que se incline por instalaciones y negocios sin restricciones con la perspectiva de hincharse de antemano en esquemas anticuados.

La IA de la conciencia también está saliendo a su manera en nuestro día a día. Está digitalizando su biosfera corporal, erudita para estar familiarizada con las apariencias, aprecia las aplicaciones y tiene gráficos de la biosfera que nos rodea. La cultura china se preocupa poco por la divulgación de estadísticas, por lo que esto proporcionará una ventaja positiva en la realización. Así que, en consecuencia, en este momento, la de China está ligeramente por delante de los estados en la percepción de la IA pero se espera que abra un amplio rango y lidere las reglas y el resto de la biosfera en la IA de discernimiento en los próximos cinco años.

En la actualidad, en la IA autónoma, los Estados Unidos están a la cabeza del resto del mundo en la conducción de automóviles, pero a medida que se siguen realizando avances en la tecnología autónoma, se espera que China alcance el nivel de los Estados Unidos en los próximos cinco años. China ya tiene la autoridad en las licitaciones concentradas de hardware como los aviones teledirigidos autónomos.

¿Es China la fuerza mundial que triunfa?

La atención general de China sobre la IA y las posesiones que está transmitiendo a la lucha podría permitirle tomar la delantera en el campo de la IA, según los expertos en IA. Los Estados Unidos han sido percibidos durante mucho tiempo como la punta de lanza universal de la modernización, que comprende el campo de la inteligencia artificial. China ha sido ampliamente considerada como un imitador técnico. Sin embargo, esto ha cambiado drásticamente y puede que ya no sea lo mismo. Según los expertos, China está preparada para tomar la delantera en los próximos años. Las políticas favorables de China en materia de IA, su enorme grupo de estadísticas y el gigantesco mercado, así como la existencia de industriales meticulosos y emprendedores, podrían apoyar a la nación en la revisión de los Estados Unidos en materia de inteligencia artificial.

Sin embargo, es esencial señalar que los dos países son universos paralelos, y cada uno de ellos está haciendo sus propios progresos en el mundo de la IA. Los Estados Unidos es un camino tranquilo hacia adelante en la experiencia primaria del centro de pruebas de investigación y los campus. Pero China está hoy en día encantando la punta en la puesta en práctica y la construcción de valor por medio del poder mental artificial a través de todas las solicitudes y diligencias.

La aplicación hábil de la IA puede ayudar a China a alcanzar y superar a los Estados Unidos. Según Lee, esto también apoyará la re-experiencia de la gente sobre lo que significa ser humanoide. Él cree que todo el mercado de trabajo cambiará drásticamente. Usará más de la inteligencia humana de la IA. Estos son motores precisos de IA que explican los problemas de la comunidad. Por ejemplo, los conductores que pueden tomar decisiones de préstamo para los bancos, o la robótica que puede realizar tareas como lavar platos o recoger frutas. Aunque esto podría significar que algunos trabajos humanos serán reemplazados, la IA será buena para producir herramientas para creativos y profesionales.

Factores que ayudan a China a convertirse rápidamente en una superpotencia de la IA

El gobierno chino está decidido a liderar el mundo en inteligencia artificial para el año 2030. Los expertos tienden a estar de acuerdo con los ambiciosos objetivos de China. Se espera que para el año 2020, China haya alcanzado a los Estados Unidos en inteligencia artificial. Los expertos también creen que si mantienen su trayectoria, China estaría muy por delante de los Estados Unidos para el año 2025, y para el año 2030, China dominará las industrias de la IA.

Con un PIB de 14 billones de dólares, se prevé que China

justifique más del 35% del progreso comercial de la ecosfera entre 2017 y 2019. Esto es casi el doble de la predicción del PIB de los Estados Unidos, que es del 18%. El impresionante crecimiento de China se atribuye a su uso de la IA en las principales industrias.

PricewaterhouseCoopers ha proyectado que el despliegue de la IA en las industrias estratégicas de residuos alimenticios agrega 15 billones de dólares adicionales al PIB internacional, utilizando a China para cautivar una gran parte de eso a 7 billones de dólares. Se espera que Norteamérica se lleve a casa unos míseros 3,7 billones de dólares en expansiones. En 2017, China representó el 48% del respaldo inicial general de la biosfera, lo que equivale al 38% de los Estados Unidos.

Para este momento, el dinero chino en imperfecciones de IA y automóviles auto dirigidos se ha extendido a 300 mil millones de dólares, con compañías chinas como Alibaba prometiendo invertir muchos recursos en laboratorios de investigación internacionales en los Estados Unidos e Israel.

Según Kai-Fu, hay cuatro factores principales que han ayudado a China a moverse muy rápido a la lista de las superpotencias mundiales de la IA:

Disponibilidad de los datos

China está aprovechando su importante cantidad de datos para dar grandes saltos en la inteligencia artificial. La etapa de WeChat de China sin ayuda tiene más de mil millones de consumidores recurrentes. Esto supera la población combinada de Europa. En cuanto al gasto en móviles, China supera a los Estados Unidos en una proporción de 50:1. Además, los desembolsos chinos en comercio electrónico son casi el doble que los de los Estados Unidos.

China también está siendo testigo de una explosión de la puesta en marcha en línea a fuera de línea nosotros, que están ayudando a hacer más datos disponibles. Otra ventaja clave de los datos chinos es que concentran todos sus datos en un solo lugar. Los negocios chinos de IA como Tencent han generado una red operativa combinada, mientras que los datos de América tienden a estar dispersos en varias plataformas. Un ejemplo clave son los datos sobre pagos y transporte de América, que están fragmentados en múltiples plataformas.

Si comparas los datos de pago por móvil entre los dos países, obtienes datos interesantes. Mientras que en los Estados Unidos se registraron 112.000 millones de dólares de desembolsos portátiles en 2016, los desembolsos portátiles de China se situaron en más de 49 billones en el mismo período. Esto significa que los desarrolladores de IA pueden extraer datos cruciales de los pagos móviles chinos como WeChat

Wallet y Alipay. Esto les permite producir mapas que monitorean cientos de millones de operadores en cada intercambio.

Con el auge de las empresas de bicicletas compartidas como el ofo de China y Mobike, los sindicatos chinos pueden construir el uso de mapas de asociación de los habitantes que aparecen en la superficie. Esto les permite entender todo, desde sus prácticas operativas hasta sus gastos mundanos.

Y a medida que progresan las aptitudes de reconocimiento de la IA de los chinos, los mapas se van deshabitando gradualmente con las apariencias, ya sea que estén disponibles o desconectados.

Los sindicatos chinos de la IA son asimilados a las actuaciones en línea de los operadores con su biosfera corporal. Y mientras lo hacen, los datos que recogen les dan una ventaja significativa sobre sus competidores en los Estados Unidos.

Experiencia de la IA

Aunque China es todavía nueva en los Estados Unidos en cuanto a inteligencia artificial, el investigador de la IA de China se ha puesto al día con los estados. Cuando el aprendizaje profundo en los Estados Unidos hizo un avance exitoso en 2012, China estaba en sus etapas iniciales en la revolución de la IA.

Pero mientras que los investigadores de la IA todavía están ubicados principalmente en los Estados Unidos, para apoyar algo como Google, las empresas tecnológicas chinas están concluyendo rápidamente en. En este momento, en la Academia, los estudiosos del poder cerebral artificial chino están al mismo nivel que los de los Estados Unidos. Por ejemplo, una suma equivalente de trabajos convencionales se originó de las naciones y China en la reciente conferencia de la AAAI de 2017.

También ha habido un notable aumento en la asociación entre las principales corporaciones tecnológicas de China y el desarrollo del talento universitario. Por ejemplo, la empresa tecnológica Tencent ha estado patrocinando estudiantes en un laboratorio de IA en la escuela de ciencia y experiencia de Hong Kong. Los estudiantes también tienen acceso a miles de millones de datos de WeChat. Además, las principales empresas tecnológicas chinas como Baidu, Didi y Tencent han establecido sus propias empresas de investigación.

Como resultado de estas inversiones, las empresas chinas de IA son ahora líderes mundiales en algunas tecnologías. Por ejemplo, la aparición de China + en estos días supera a la biosfera en apariencia y duplica el reconocimiento de la IA. Ganaron a las empresas americanas como Google y Microsoft y Facebook en el antagonismo de reconocimiento de la apariencia del COCO en 2017.

La corporación de reconocimiento de voz china iFlyTek ha superado a las empresas de reconocimiento de voz de Estados Unidos, como DeepMind de Alphabet, Facebook e IBM Watson, en una probable dispensación lingüística.

Los empresarios agresivos de China

La era de los imitadores en China vio un gran movimiento de productos de mala calidad y de impresión falsa. Sin embargo, esta oreja ayudó a inaugurar aproximadamente los industriales más baratos y hostiles de la biosfera. De hecho, China está en un trabajo duro inconcebible. Las corporaciones trabajan de 9 am a 9 pm, de seis a siete períodos semanales de exclusión. Los empresarios también son duros de arriba a abajo, con un solo individuo creando todos los pronunciamientos. Así que las elecciones son rápidas. Se trata de seguir adelante y ejecutar.

Estos empresarios tecnológicos chinos han sido agresivos en su búsqueda por vencer a la competencia. Han dedicado mucho de su tiempo y recursos para superar a las empresas paralelas de otras partes del mundo. Se ha notado que la rapidez del trabajo es abundantemente más rápida en China que en cualquier otra parte del mundo de la tecnología, como en el Valle del Silicio. Las oportunidades de negocio en China se aprovechan muy rápidamente en comparación con el tiempo que lleva identificar y considerar las oportunidades tecnológicas en los Estados Unidos.

Hoy en día, el dominio de la IA en China se ha derivado del tiempo y de la participación de las empresas emergentes educadas para hacer a medida la mercancía de imitación americana para vestir las necesidades de los consumidores chinos. Estos empresarios están logrando deshacerse de las etiquetas de imitación y están construyendo empresas sin análogos en los Estados Unidos y Europa.

China también ha producido las principales compañías de IA del mundo como Baidu, Alibaba y Tencent. También está contribuyendo de manera significativa al establecimiento de las empresas de IA más valiosas del mundo, como la empresa china de arranque de ordenadores SenseTime. Esta empresa de arranque es actualmente la más valiosa del mundo en lo que respecta a la IA. El producto de inicio de la IA tiene características que hacen posible que su cara sea identificada así como su edad. También puede determinar tus inminentes rutinas de adquisición. SenseTime es, hoy en día, la maquinaria de apreciación de la biosfera en la cara que difunde su IA en todo el proceso, desde la investigación del transporte hasta la aprobación del trabajador.

China también es el hogar de más de 160 unicornios valorados en más de 600 mil millones de dólares. China está usando su creciente experiencia para avanzar más en su programa de inicio de la IA.

Las políticas favorables del gobierno de China

El gobierno chino ha emitido planes para marcar a China como el epicentro mundial de la modernización de la IA, con el objetivo de que la industria de la IA alcance un billón de RMB para el año 2020. Esto es el equivalente a 150.000 millones de dólares.

Después del anuncio de estos grandes planes, los inversores chinos de capital riesgo han invertido grandes sumas en empresas de inteligencia artificial. Además, el gobierno chino ha estado gastando mucho dinero en su investigación STEM, que ha visto crecer por dos dígitos en los últimos años.

Además, el sistema político de China se ha dedicado a la recreación, un carácter vital en la progresión de la investigación de la IA. Los burócratas nativos son incentivados a superar a otros en las ventajas del CPP. Debido a este arreglo, cada líder se esfuerza por ganarse a las empresas y empresarios de la IA con subvenciones sustanciales y directrices satisfactorias.

Los alcaldes de todo el país han creado zonas de modernismo, incubadoras y fondos de capital riesgo respaldados por el gobierno. Todos están pagando sin fluctuaciones los gastos de los investigadores, como el alquiler. Esto ha creado un ambiente favorable para las empresas de IA.

Además, China va a capitalizar 2.000 millones de dólares en parques de expansión de la IA. El parque tendrá hasta 400 iniciativas de IA y un laboratorio nacional de IA, derechos de autor, inventos comunales y una importante actividad de investigación y desarrollo. Además, la provincia de Hangzhou también ha impulsado su parque personal de IA con un depósito de 1.600 millones de dólares. Hay otras ciudades y regiones que suman un total de 19, que están invirtiendo una gran cantidad de recursos en la infraestructura de la ciudad impulsada por la IA, así como en el desarrollo de políticas.

Ciudades como la Zona Innovadora de Xiongan están construyendo ciudades con todo incluido en la IA en los dos períodos siguientes. Las ciudades se centran principalmente en el desarrollo de automóviles auto dirigidos, infraestructuras afianzadas de paneles solares, y la configuración orientada a la visión de la CPU.

Además, los gobiernos locales de China están colaborando con las principales empresas de tecnología de la IA del país para obtener instalaciones comerciales. Como resultado, corporaciones como Baidu, Alibaba, Tencent, y iFlyTek están acompañando con administraciones de todo el país como el Laboratorio Nacional de Ingeniería de China para las habilidades de becas subterráneas para inventar la investigación de la IA.

El gobierno también ha puesto a disposición fondos para la innovación y el desarrollo de la IA. Las nuevas empresas chinas y las empresas tecnológicas establecidas están haciendo uso de estos fondos para crecer más y desarrollar nuevos productos de IA. El liderazgo de China en la IA parece estar bien establecido con la ayuda de la abundancia de fondos administrativos de fácil acceso, las renovaciones de infraestructura sin problemas, las investigaciones prominentes de IA y la base de empresarios agresivos.

Como resultado de todos estos factores, el uso de la IA en China no es más lento y enigmático. La IA ya no es vista como un lujo caro y una tecnología avanzada que pocos pueden disfrutar. La IA es una cuna hoy en día vulnerable, y se espera que los nuevos alumnos de la institución empiecen a utilizar la ingeniería de la IA para construir productos de IA en los próximos años.

El nuevo estatus de superpotencia de la IA de China, sus implicaciones y el nuevo orden

Posteriormente, de cerca de cuatro eras como unidad industrial de la biosfera, China hoy en día está pisando los caracteres únicos en el presupuesto mundial. El país está considerado como el principal pivote para la presentación pionera de la potencia cerebral artificial. En un relato actual, de PricewaterhouseCoopers, de los 15,7 billones de dólares de los EE.UU. de tesoro internacional que se prevé que la IA genere para el año 2030, se espera que China contribuya con 7 billones de dólares de los EE.UU. solamente.

Se espera que en los próximos días, los empresarios chinos de clase mundial apliquen el aprendizaje profundo a cualquier problema que prometa grandes beneficios en todas las industrias. Están siendo ayudados por la debilidad del Valle del Silicio en la falta de voluntad y la resistencia a la localización. En comparación con los anteriores servicios de Internet, la IA tiene un cociente de localización mucho más alto. Como resultado, cada divergencia entre la preferencia china y el producto global estándar se convertirá en una apertura que los competidores locales atacarán.

Implicaciones sociales

El ascenso de China como superpotencia mundial de la IA podría tener varias implicaciones. Puede producirse una queja comunal a gran escala y una caída políticamente consciente iniciada por un desempleo generalizado y una diferencia muy abierta. En los próximos días, la IA tendrá un gran potencial para perturbar y destruir vidas con el impacto esperado en los mercados laborales y los sistemas sociales.

Las plataformas emergentes que aprovechan una fundación de la IA tienen una afinidad natural para que un ganador tome toda la economía erosionando los mecanismos competitivos de los mercados en el proceso. Esto es probable que ocurra en todas las industrias con un sesgo de habilidad que divide el mercado de trabajo y exprime a la clase media.

Implicaciones económicas

Además, se espera que la desigualdad aumente a medida que una mayor meditación del capital se introduce en las influencias de unos pocos. La brecha entre los ricos y los desafortunados seguirá creciendo tanto a nivel individual como a nivel de país. A medida que las fábricas operadas por robots continúen acercándose a los mercados, la escalera que los países en desarrollo utilizan para salir de la pobreza se verá cortada.

Habrá una lucha generalizada a medida que la gente participe en el entrenamiento para desarrollar una sagacidad de valor a partir del funcionamiento. La intensificación de la IA se enfrentará a estos estándares y los intimidará para debilitar esta lógica de tenacidad de por vida.

Implicaciones de los trabajos

El aumento de la IA tendrá definitivamente un impacto negativo en los empleos. En 15 años, se estima que la IA será capaz de eliminar más del 50% de los empleos de EE.UU. como resultado de la sustitución de uno a uno y de las interrupciones en el terreno.

Además, las profesiones de alta remuneración existentes como la medicina tomarán un camino diferente para el mismo fin. A medida que las máquinas inteligentes superen la capacidad de los humanos para diagnosticar enfermedades y recomendar tratamientos, el papel del médico se verá significativamente limitado.

Implicaciones de la IA en la paz mundial

Los planificadores militares tanto en América como en China conquistan que la IA hace más probable la guerra. Los sistemas autónomos pueden crear un conflicto librado por robots menos costosos en términos de víctimas humanas, pero los sistemas también hacen más probable el conflicto porque la IA decidirá la velocidad y el curso de la guerra. Los líderes militares y políticos de China creen que para 2025, las armas autónomas dirigirán el campo de batalla con un mínimo de participación humana. Es muy fácil ver por qué esas perspectivas podrían desestabilizar fácilmente la frágil paz mundial.

Conclusión

G racias por llegar al final de Inteligencia *Artificial para Principiantes: Guía fácil de entender de la IA, la ciencia de los datos y el Internet de las cosas. ¿Cómo usar la IA en la práctica? Las revelaciones de los superpoderes de la IA.*

Esperemos que haya sido informativo y que haya podido proporcionarte los conocimientos básicos que necesitas para entender los conceptos de la Inteligencia Artificial y la tecnología relacionada. Al terminar este libro, usted será capaz de poseer la maestría que busca en la comprensión del papel de la inteligencia artificial en la influencia de los comportamientos humanos, y su impacto en el mercado de las carreras.

Hemos repasado la definición, los objetivos y los tipos de inteligencia artificial y su relación con las tecnologías emergentes, incluyendo la robótica y la Internet de las Cosas (IO). Este libro ha ofrecido definiciones fáciles de entender, pero muy poderosas y efectivas de conceptos que son cruciales para entender la inteligencia artificial. Proporciona una gran visión general de cómo el mundo se está adaptando gradualmente a los cambios tecnológicos con la ayuda de la inteligencia artificial. Ahora está familiarizado con la relación entre la IA y la robótica y la IO, así como con las posibles diferencias. También has aprendido que casi todos los aspectos de nuestras carreras están adoptando gradualmente la IA para ser más eficientes.

Habiendo entendido los conceptos clave de la IA, sus objetivos y cómo funciona, lo siguiente que querrías hacer es decidirte a invertir en el campo debido a las enormes oportunidades disponibles. Actualmente, China está a la cabeza en la inversión en tecnología relacionada con la IA con mega gigantes como Google y Amazon siguiendo su ejemplo. Con el conocimiento proporcionado en el libro, se puede aprender acerca de las más oportunidades que existen en dicha tecnología.

Por último, si usted encontró este libro útil de alguna manera, una reseña sobre Amazon siempre es apreciada!

www.ingramcontent.com/pod-product-compliance
Lightning Source LLC
LaVergne TN
LVHW041205050326
832903LV00020B/467